JST-RISTEX［研究開発成果実装支援プログラム］編

社会実装の手引き

研究開発成果を社会に届ける仕掛け

工作舎

はじめに

本書の目的

本書は社会技術に関心をお持ちの研究者、行政や自治体の関係者、社会の人々、さらには学生の皆さんに社会技術や社会実装がなぜ必要なのか、どのようにすれば研究開発成果を社会に普及・定着することができるのかを考えていただくことを目的にしています。この目的を達成するために、科学技術振興機構（JST）の社会技術研究開発センター（RISTEX）に設置されている私たち「研究開発成果実装支援プログラム」のメンバーは、二〇〇八（平成二〇）年から二〇一七（平成二九）年までに実施されたプロジェクトを分析・評価し、本書にまとめました。社会技術とはどんなものかを知っていただくために、まず四八件の実施例を説明します（第1章）。次いで社会技術研究開発のすすめ方（第2章）をお話し、最後にこれからの考え方を展望してみました（第3章）。社会技術に関心を持っておられる皆さんの参考になれば幸いです。

「社会のための……」という言葉をめぐって

最近大学や研究者に対して「社会のための……」という要請が高まっており、枕詞のように「社会のための大学」とか「社会のための研究」ということばが使われているようです。一方では、ノーベル賞を受賞された先生方をはじめ多くの研究者から、すぐ社会のお役に立つ研究への傾斜に対する強い懸念が表明されています。これを議論するのは本書の目的ではありませんが、あの世のアインシュタインが百年前に考えた相対性理論がスマホのナビシステムに使われていると知ったら舌を出して笑うのではないでしょうか。

社会技術という言葉もよく聞きます。社会のための科学という概念は一九九九（平成十一）年にブダペストで開催された世界科学会議において、当時日本学術会議会長であった吉川弘之先生が主導されて誕生したものです。この会議では激化する環境、貧困、地域紛争などの諸問題に科学はどう対処できるかが議論され、「科学と科学的知識の利用に関する世界宣言」が採択されました。この宣言は知識のための科学、平和のための科学、開発のための科学に加えて社会における科学と社会のための科学が取り上げられたのです。この動きに素早く対応して旧科学技術庁は、二〇〇〇（平成十二）年に社会技術の研究開発のすすめ方に関する研究会を発足させ、二〇〇一（平成十三）年に科学技術振興事業団（現ＪＳＴ）内に社会技術研究システムが設置され、二〇〇五（平成十七）年にはその発展的な組織として、ＲＩＳＴＥＸが設置されました。

用語の定義

●社会技術

議論を進めていく前に用語の定義をしておきましょう。ＲＩＳＴＥＸが最初に実施したプロジェクト「安全性に係わる社会問題解決のための知識体系の構築」の報告書を取りまとめた堀井秀之先生は、「社会技術とは社会問題を解決し社会を円滑に運営するための技術である。ここで技術とは工学的技術だけではなく、法・経済制度、社会規範など、すべての社会システムを含んだものである。社会における問題の解決に科学技術の利用は有効であるが、科学技術のみでは問題は解決されない。科学技術の成果と社会制度をうまく組み合わせることによって生み出される問題解決策が社会技術である」と定義し、また、「産業のための技術を産業技術、社会のための技術を社会技術」とされました。本書では堀井先生の定義に従うことにします。

●問題と課題

研究すべき対象を問題と呼ぶか、課題と呼ぶかについて定義をしておきたいと思います。ここでは、解決すべき対象を問題といい、問題を解決するための対策を課題ということにします。たとえば、「高齢化社会のもたらす問題は年金、介護、医療など多様であり、これらの問題を解決するための課題も数多くある」というように使い分けることにします。

ものに過度に依存した文明の凋落

日本の産業が戦後の短い期間で高品質の商品を世界に供給できるようになった背景には、それぞれの企業が自社独自の技術を開発することに力を注ぎ、産と学がこれに協力したことにあったと言えます。この過程で経験の集積と考えられていた技術を科学的に解明し、科学の技術化、技術の科学化が積極的に行われました。その結果、世界に類例を見ない科学技術という学術領域を生み出したことは特筆に価します。

産業技術の発展は日本のみにとどまらず、世界的に新しい技術や製品が続々と発明され、二〇世紀後半には人に利便を与える「もの」が大量に生産されました。人々は「もの」を大量に消費し、大量に廃棄したのです。この結果何が起きたのでしょうか。天然資源の枯渇であり環境の汚染でした。日本では一九六〇年頃から大気汚染や水質汚濁による疾病が問題となりはじめ、一九七九（昭和五四）年にはオイルショックによる石油価格の高騰が起こって、資源の有限性を目の当たりにすることになります。

このような背景から国連は一九九二（平成四）年にリオデジャネイロで「環境と開発に関する国際連合会議」を開催し、持続可能な開発（Sustainable Development）が議決されました。この動きは多くの国に浸透し、日本では一九九四（平成六）年に環境基本計画が、二〇〇〇年には循環型社会形成推進基本法が制定されます。資源を大量に消費し、廃棄し、環境を汚染したのは人ですから、持続可能な発展は私たちの暮らし方そのものを変革しなければ達成できません。ここに社会技術研究開発の必要性が生じてきたのです。

ひと中心社会の勃興

●情報化社会

二一世紀になると情報技術（ＩＴ）が大幅な進歩をとげます。単に便利のよい道具に過ぎなかった情報機器類は高度情報処理機能を組み込んだパソコンや多機能のスマホにとって代わり、あっという間に人々の生活の中に入り込んできて、パソコンやスマホのない生活は考えられない世代の人々が増えてきます。情報化社会は確かに私たちに大きな利便をもたらしましたが、負の側面を見逃すことはできません。典型的な例はネットを利用した犯罪の増加でしょう。

SNS空間での無責任なチャットによって引き起こされる被害や犯罪、貴重な情報や資産の流出や詐取など今まで私たちが経験しなかった多種多様な問題が提起されてきました。また、一国を代表するような人が根拠のない噂話をチャットとかブログとして流す、インスタ映えするという理由で不適切な映像が情報空間を泳ぎ回るなど、ITはさまざまに姿形を変えながら私たちの生活に忍び込んできました。このような情報化社会の出現は、デジタルディバイドという言葉で総括されるように情報化社会に適応できる人たちと適応できない人たちの間に格差を生み出すと同時に、私たちの生活の仕方や働き方、さらには、社会の制度や慣習などの変革を迫ってきました。

●高齢者や社会的弱者に配慮した社会

情報化社会よりも急速な変化は少子高齢化社会の出現でしょう。介護保険、健康保険、年金負担など高齢化を取り巻く問題は枚挙にいとまがありませんし、働き方や格差の問題を含め解決すべきいろいろな課題が出てきています。一方では、人口の五〇パーセント以上が六五歳以上の高齢者となった、いわゆる限界集落が増加の一途をたどり、お年寄りのケアや伝統的文化、社会慣習の喪失など私たちの住む社会は根底から変化し始めています。さらに、いじめや犯罪、発達障害、見守りなどこどもにかかわる問題、障害者をはじめとする社会的弱者、LGBT、家庭内暴力など多種多様な問題が私たちの社会の在り方に変革を迫っています。

以上を要約してみますと「もの」中心であった社会が「ひと」中心の社会に、あるいは、「もの」よりは「こと」を重視する社会に変化しつつあるということになるのでしょうか。英語でもAnthropocentric SocietyとかHuman Friendly Societyといった単語が目に付くようになっています。このような社会の変化を見定め、変化への対応策を講じていくことは重要な社会技術の研究対象と思われます。

社会実装とは

社会実装という言葉もずいぶん見かけるようになりました。第5期科学技術基本計画にはこの言葉が二九箇所も使われているそうです。社会実装という言葉は先ほど説明したプロジェクト「安全性に係わる社会問題解決のための知識体系の構築」の評価委員長をされた生駒俊明先生が提案された用語です。生駒先生は研究成果が社会にとって本当に有益かどうかを実証した結果が示されていなければ、プロジェクトの評価はできないと主張され、この実証する過程を社会実装と表現されました。企業における研究開発では成果を確認するための現場実験はかならず行われます。この現場実験が社会技術における実装に該当しますが、これを行うにはお金がかかります。社会のための研究開発では誰がこの投資を負担するのでしょうか。資金不足に悩む研究機関にとてもその力はありません。考えてみると、産業が研究開発に投資して有形、無形の資産を増大させるのと同様に社会技術は公共の資産を増大させると評価することができます。とすると、実装に投入される費用は公共投資に他なりません。そこで、ＪＳＴは公的資金で実装費用を負担することにしたのです。研究開発投資は受益者負担であるという原則を破壊したこの決断は画期的なことであり、二〇〇六（平成十八）年に「研究開発成果実装支援プログラム」が発足して社会技術研究開発は大きく成長を遂げることになりました。

研究成果を社会に届ける難しさ

●死の谷

研究の成果が社会に届くまでには、開発、実証、普及の段階を経なければなりません。仮に、研究は大学、開発は大学以外の機関、実証はまた別の機関というように変化する場合は、段階が移行する過程でかならず停滞がおこります。研究から開発への移行について考えてみましょう。研究者はここまで研究したので開発が可能であると思いがちです。ところが、研究の規模を大きくすると研究では問題なかったことが重大な欠点として浮かび上がってくることがあります。また、研究段階では想定していなかった要素が意外に大きな影響を持っていたという場合もあります。そこで、開発を担当した人は開発困難な理由を研究者に説明します。開発者から指摘された問題を研究者が解決できればいいのですが、多くの場合、他分野の研究者の協力を得なければ解決できません。他分野の研究者の協力が得られなければ開発は中断され、研究結果だけが論文となって残ることになります。開発と実証の間でも類似のことが起こります。この停滞は「死の谷」と呼ばれています。一方、研究から普及までを一貫して行う企業における研究は死の谷に苦しむことは少ないのです。なぜなら、各段階の移行過程で問題が起これば自ら解決するか、解決可能な協力者を見出すか、あるいは、技術的にも経済的にも継続不能と判断して研究開発を中止してしまうからです。社会技術は産業技術のやり方を参考にしなければなりません。

●死の谷をともに渡る協力者

映画や小説の題名などによく出てきますので、キリスト教徒でない人でもお聞きになったことがあると思いますが、「たといわれ死の影の谷を歩むとも禍をおそれじ。なんじわれとともにいませばなり」という有名な旧約聖書詩篇の一節です。聖書の言葉を言い換えるのは不謹慎かも知れませんが、ここで研究者を「われ」、研究に協力してくれる人たちを「なんじ」に置き換えますと、この両者が手を組んで進めば死の谷なんて怖くないのです。

社会技術の研究者の多くは大学の研究者です。自分自身の研究領域なら誰にも負けない誇りを持っていますが、専門を離れた分野のことはよく分からない。ですから、研究を開始する前から開発、実証、普及、定着を担当してくれる人たちを決めて研究協力をお願いしておかないと、せっかくの研究成果が死の谷から脱出できないことになります。そこで問題は大学研究者が自分の専門と異なる、適切な協力者を見つけることができるかになります。ここにも研究者のみでは解決しにくい障壁があるのです。この障壁を乗り越えるために私たち実装支援グループはいろいろな方法を考えました。詳細は次章以降で説明します。

以上、社会技術研究開発とは何か、研究開発の成果を社会に届けるにはどうすればいいかをお話しましたが、皆さんの理解を深めるために、まず、具体的な例として私たちが取り上げた四八件のプロジェクトについて紹介します。次いで、実施プロジェクトから得られた教訓をできるだけ普遍化して実装支援のすすめ方と考え方について解説します。そして、最後に今後の取り組みについて展望してみたいと思います。

はじめに……002

第1章 社会実装の具体例……019
研究開発成果実装支援プログラムの運営

こども……024

01 e-ラーニングを核とする多様な学習困難に対応した地域単位の学習支援ネットワークの構築［正高PJ］
02 発達障害の子どもと家族への早期支援システムの社会実装［神尾PJ］
03 家庭内児童虐待防止に向けたヒューマン・サービスの社会実装［中村PJ］
04 WEBを活用した園児総合支援システムの実装［安梅PJ］
05 発達障害の子どもへの早期支援のための「気づき」・診断補助手法の実装［片山PJ］
06 学校等における犯罪の加害・被害防止のための対人関係能力育成プログラム実装［小泉PJ］
07 発達障害者の特性別評価法（MSPA）の医療・教育・社会現場への普及と活用［船曳PJ］

08 エビデンスに基づくスクールソーシャルワーク事業モデルの社会実装［山野PJ］
09 機能的近赤外分光分析診断法による注意欠如・多動症児支援システムの実装［檜PJ］
10 エビデンスに基づいて保護者とともに取り組む発達障害児の早期療育モデルの実装［熊PJ］

安全・安心

安全・安心……052
11 効率的で効果的な救急搬送システム構築［大重PJ］
12 津波災害総合シナリオ・シミュレータを活用した津波防災啓発活動の全国拠点整備［片田PJ］
13 油流出事故回収物の微生物分解処理の普及［斉藤・小谷PJ］
14 投薬ミス・薬害防止のための、臨床事例を中核とした医療従事者向け情報交換・研修システムの実装［澤田PJ］
15 物流と市民生活の安全に貢献するトレーラートラック横転限界速度予測システムの社会実装［渡邉PJ］
16 震災後の建物被害調査と再建支援を統合したシステムの自治体への実装［田中（聡）PJ］
17 首都直下地震に対応できる「被災者台帳を用いた生活再建支援システム」の実装［田村PJ］
18 農作物の光害を防止できる通学路照明の社会実装［山本PJ］
19 ドライバーの居眠り事故防止のための睡眠時無呼吸症スクリーニングの社会実装［谷川PJ］
20 高層ビル耐震診断に基づく帰宅困難者行動支援システムの社会実装［三田PJ］
21 医師の高度な画像診断を支援するプログラムの実装［金PJ］
22 間伐材を用いた土砂・雪崩災害警報システムの実装［下井PJ］

高齢者・弱者支援……084
23 高齢者ドライバーの安全運転を長期間継続可能にする支援システムの社会実装［伊藤PJ］
24 高齢者転倒事故防止のための移動能力評価システムの社会実装［塩澤PJ］
25 医学的機能評価に基づく高齢者の排尿自立支援［本間PJ］
26 高齢者の生きがい就労システムの社会実装［辻PJ］
27 脳活動画像化装置による認知症予防プログラムの社会実装［田中（美）PJ］
28 視野障害者自立支援めがねの社会実装［下村PJ］
29 肢体不自由者のための自動車運転支援システムの社会実装［和田PJ］
30 優良盲導犬の効率的育成と普及率の向上［鈴木（宏）PJ］
31 手指麻痺者の日常生活支援のためのパワーグローブの社会実装［諸麥PJ］
32 聴覚障害高校生への遠隔パソコン文字通訳での授業支援［玉田PJ］
環境・その他……108
33 サハリン沖石油・天然ガス生産に備える市民協働による油汚染防除体制の構築［後藤PJ］
34 国内森林材有効活用のための品質・商流・物流マネジメントシステムの社会実装［野城PJ］
35 英虞湾の環境再生へ向けた住民参加型の干潟再生体制の構築［国分PJ］
36 環境負荷の低減に資する持続的農業生産システムの実装［林PJ］
37 分散型エネルギーの利用促進と農山村地域環境ビジネスの創出［両角PJ］

38 大規模稲作農家への農業水利情報提供システムの実装［飯田PJ］
39 急性白血病の早期診断を目的とした誘電泳動による細胞検出・同定法の臨床応用［今里PJ］
40 女性の尿失禁予防・改善を目的としたサポート下着の社会実装［岡山PJ］
41 旅行者と地域との共生に資する観光プランの作成支援技術の基盤化と社会実装［原PJ］

東日本大震災

東日本大震災……128
42 応急仮設住宅の生活環境改善のための統合的実装活動プログラム［丹波PJ］
43 津波塩害農地復旧のための菜の花プロジェクト［中井PJ］
44 震災地域の重金属等土壌汚染評価［土屋PJ］
45 大型マイクロバブル発生装置による閉鎖海域の蘇生と水産養殖の復興［大成PJ］
46 無水屎尿分離トイレの導入による被災地の衛生対策と災害に強い都市基盤の整備［清水PJ］
47 津波堆積物の地球化学的判別による沿岸地域のリスク評価と社会的影響の予測［土屋PJ］
48 東日本大震災被災者と救援支援者における疲労の適正評価と疾病予防への支援［吉田PJ］

第2章 社会技術研究開発のすすめ方 145

今そこにある課題
課題選択の留意点
課題が具備すべき条件
課題の発見——対象の観察と計測
対象の制御——課題解決案の提示
研究成果の評価
標準化の意味
社会技術におけるデファクトスタンダード
人々の行動基準を変えることの難しさ
企業の作業者も社会の人も保守的
課題同定に必要な社会との対話
研究者と社会をどのように結び付けるか
改革の発信は研究者から

第3章 社会技術研究開発の考え方……179
社会技術を研究する人のミッション（使命）
社会技術研究開発の包括的な運営
包括的社会技術の提案
実証の方法論をどう考えるか
課題発見の方法論［1］潜在している必要性の発見
課題発見の方法論［2］シナリオライティング
課題発見の方法論［3］問題の設計図をつくる
異なる知の集合と移転
異なる意見の習合
社会実装の達成期限
おわりに……226
参考文献……236
資料……238

第 1 章

社会実装の具体例

研究開発成果実装支援プログラムの運営

具体的な実施例を紹介する前に研究開発成果実装支援プログラムの運営についてお話しておきましょう。冒頭にお話したように科学技術振興事業団（現ＪＳＴ）に社会技術研究開発システムが設置されたのは二〇〇一（平成十三）年のことですが、二〇〇五（平成十七）年にそれを発展させた社会技術研究開発センター（ＲＩＳＴＥＸ）が発足しました。社会技術研究開発研究のパイロットプロジェクトとして二〇〇一年に開始した「安全性に係る社会問題解決のための知識体系の構築」が二〇〇六（平成十八）年に終了しましたが、このプロジェクトの終了後に開催された評価委員会で「一般に技術開発は社会への還元を前提に行われるものであるが、特に社会技術は社会の問題の解決に役立って初めてその価値が認められるものであることから、研究を遂行する上で社会実装は最も重視されるべき事項の一つである」という指摘を受けました。

研究の成果が実用化されるまでには研究、開発、実証、普及という四段階を経なければなりません。英語のResearch-Development-Demonstration-Diffusionの頭文字をとったＲＤＤＤが継ぎ目なく連結されないと、研究から実用化に至る流れは途絶します。それではせっかくの研究の成果が社会に届けられることなく単なる論文として終わることになります。ＲＤＤＤの完結によって経済的利益が期待される産業では研究開発投資を躊躇しません。つまり研究開発投資は受益者負担が原則でした。では直接的な経済的効果が期待できない社会技術研究開発の場合は、誰が投資資金を負担するのでしょうか。ＪＳＴは社会技術研究開発によって社会資本が充実されればその受益者は国民であると考え、開発・実証の段階まで公的資金を投入することにしたのです。この決断は画期的なことであり、二〇〇六年に実装支援プログラムが発足し社会技術研究開発は大きく成長を遂げることになりました。

ここでＲＩＳＴＥＸの活動を簡単に紹介します。まず、社会における取り上げるべき具体的問題を抽出し研究開発領域・研究開発プログラムを設定します。これを領域研究と呼んでいます。領域研究は概ね六年間の研究を実施し、その中から社会実装をしてみるべきであると考えられたプロジェクトと広く一般に公募を行い、この中から選定されたプロジェクトが実装支援対象候補となります。これらの候補の中から採択されたプロジェクトを推進する代表者を研究代表者ではなく実装責任者と呼んでいます。実装責任者は単なる研究の代表者ではありません。研究開発の成果を現実の社会の問題解決に適用し、プロジェクトの有用性・有効性を実証し、さらなる普及・定着が具体化する見通しを得る責任があるからです。これこそが実装支援プログラムの特徴なのです。

本プログラムの運営にかかわっているメンバーは一名のプログラム総括と最大九名のプログラムアドバイザーです。メンバーはそれぞれの専門の窓を通して広く社会を見通すことができる人たちから構成されています。これらのメンバーによってプロジェクトの選定、プロジェクトの目的・目標・達成方法・効果予測などの事前確認、プロジェクト運営のアドバイス、事後評価、追跡調査などが行われます。特に、プロジェクト終了後の自立性を重視して実装責任者と緊密に連携しつつ運営にあたります。実装責任者が必ずしも専門としていない立場からのアドバイスは、プロジェクトを実施している実装責任者らから好評を得ています。

プログラム発足直後はプロジェクト採択の基準をはじめどのようにプログラムを運営するのか暗中模索の状態でした。経験を重ねるうちに運営方法が次第に固まりその知見を基礎として研究開発成果の社会実装をどのように行えばいいのかも明らかになってきました。

第1章では、実施されたプロジェクトを「こども」「安全・安心」「高齢者・弱者支援」「環境・その他」「東日本大震災」のカテゴリー別に簡単に紹介します。

*──実装責任者の所属・役職は、プロジェクト終了時点のものです。

こども

少子化や家族形態の多様化が進む中で、こどもたちを取り巻く状況は大きく変化しています。発達障害、孤立する子育て、いじめ、虐待などへの対応は喫緊の課題です。

本カテゴリーで採択されたプロジェクトの課題へのアプローチは様々です。しかし、いずれも支援を必要とするすべてのこどもと家族が、エビデンス（科学的根拠）に基づき適切な助言や支援を受けられる社会を目指すものであると言えます。

特別に支援の必要なこどもには早期発見、早期療育が重要であることが知られています。しかし客観的診断指標の無いことが、これまで気づきの遅れの一因となる傾向にありました。そこで、いくつかのプロジェクトでは誰もが理解できる共通の指標を作ることにより、質の高い支援を継続的に実施していこうとする姿が見られました。

実装活動の継続には、こうした早期療育支援に携わる人材の育成や現場で働くスタッフへの支援も重要です。積極的に開催されたシンポジウムやワークショップには、熱心な保育、教育関係者の姿がありました。三年間のプロジェクト期間では十分な成果に結びつかなかったプロジェクトについても、今後、人材が育つと共に研究成果が社会に普及することが期待されます。

こどもには、家族をはじめ、信頼できる大人に囲まれ、地域で健やかに育つことが大切であり、プロジェクトが地域に応じた方法で定着することが重要です。その際、研究者の役目は研究の成果を押しつけることではなく、地域の歴史的、文化的背景を踏まえながら、きっかけを作ることです。それにより当事者が主体的に取り組む姿が、社会実装の原動力になります。

今後も研究成果を実践の力に変え、時の流れを意識しながら、みんなでこどもの将来を考えていきたいものです。

01［学習障害児の療育支援］
e－ラーニングを核とする多様な学習困難に対応した地域単位の学習支援ネットワークの構築

正高信男（特定非営利活動法人発達障害療育センター理事長）

本プロジェクトは、学習困難を経験している学童・生徒に対し、インターネットを介して、実証的な立場から一人ひとりに即した学習支援教材を提供することで、真のニーズに合った支援システムを地域に創出することを目指すものです。

実装活動は、名古屋市、京都市、可児市（岐阜県）、広島市、犬山市（愛知県）の五つの地域をモデルケースとし、それぞれの地域の事情にあった支援形態の確立を目標に進められました。同時に、地域で学習困難に直面する児童の困難の質を実証的に評価し、支援にかかわることのできるエキスパートの育成にも取り組み、学校と家庭、支援センターを結ぶ学習ネットワーク推進のためのＮＰＯ法人を設立しました。実装活動の内容はＮＨＫの全国ニュースでもとりあげられ、同様の支援を希望する百五〇件以上の問い合わせがありました。

人材育成を同時に進めたことも大きな成果の一つで、学生ボランティアなど若手人材が積極的に参画しました。若手人材が育つことにより、今後のさらなる展開が期待されています。

プロジェクト終了後も、発達障害児を対象とした個別の学習支援は、京都大学こころの未来研究センターとＮＰＯ法人発達障害療育センターにおいて継続的に実施され、後者では個別の学習支援と発達障害の特性に合わせた教材の開発も行われました。二〇一〇（平成二二）年四月～二〇一三（平成二五）年三月には、広島市教育委員会と連携して、学校現場における学習支援ノウハウの応用を実施しています。

実装責任者らが開発した京大・正高式「ことばのがくしゅう」は、ＮＰＯ法人京都教育サポートセンターや個別教育予備校に導入された他、京都市、ＮＰＯこせい舎（宇治市）、京大生家庭教師シリウスなどでも使用されました。

本プロジェクトは社会的にも大きな課題解決が望まれている領域であり、今後も成果に期待を寄せる家庭やグループが多いと考えられます。副次的には、脳梗塞などの脳循環器系の疾患によって失語状態になった成人のリハビリに代表される大人の失語症治療、外国人児童への日本語教材の適用という効果も得られています。

02［母子健康手帳への〝実装〟完了］
発達障害の子どもと家族への早期支援システムの社会実装

神尾陽子（国立精神・神経医療研究センター精神保健研究所 児童・思春期精神保健研究部部長）

日本の乳幼児健診は世界に誇る高い受診率を維持していますが、社会性の発達に困難を抱えるこどもと家族が、早期に適切な支援を受けることには、いくつかの課題を残しています。本プロジェクトは、「M-CHAT」と呼ばれるチェックリストを使い、特に自閉傾向のこどもの早期発見に努めました。「M-CHAT」はイギリスで開発されアメリカで使われていたチェックリストを、日本向けにアレンジしたものです。「他のこどもに興味がありますか?」などの質問項目に、親が「はい／いいえ」で答えるシンプルなもので、自閉症であることを決定づけるものではありませんが、各項目は対人コミュニケーションの発達を的確にとらえています。

当初、実装活動は京都府舞鶴市と愛媛県新居浜市の二つの自治体で展開されましたが、最終的に全国十二の自治体において、「M‐CHAT」を軸とする評価システムの導入が決定しました。実装責任者は、医療関係者や教育関係者と積極的に交流し、発達障害のこどもへの早期支援の大切さを訴えていきました。実装責任者の働きかけにより、母子健康手帳に「M‐CHAT」の項目（「乳幼児の社会性の発達に関する項目」）が加えられたことは、本プロジェクトの大きな成果です。啓発リーフレットなども作成され、この成果が全国規模に拡大することを示唆するものとなりました。厚生労働省の支援を得て発達障害早期総合支援研修を実施するなど、各機関を統合しながら目標の達成に務めました。乳幼児検診に携わる全国の保健師や小児科医が系統的にスキルアップできるよう研修会・講習会・シンポジウムも積極的に実施しました。さらにDVDやインターネットのe‐ラーニング・システム、テレビ会議も積極的に活用することで、全国どの地域にいても、スキルを身に付けることができるようにしました。

プロジェクト終了後、一部の地域では「発達障害早期支援システム」を導入した先進的な市町村がリーダーとなり、近隣地域に対し取り組みを促す姿が見られました。その他、地域に応じた方法で取り組みが進んだことによって、導入する市町村は拡大しました。実装責任者が毎年実施する早期支援体制についての研修にも、北海道から沖縄まで各地から大勢の参加者が見られ、関心の高さを示しています。

03 ［虐待する保護者向けプログラムを進める］
家庭内児童虐待防止に向けたヒューマン・サービスの社会実装

中村正
（立命館大学人間科学研究所教授）

本プロジェクトは複数の要因が絡み合って生じる家庭内児童虐待を防止するために、①虐待ゼロ制度モデルの構築、②連携の仕組みの開発、③臨床理論の構築と人材育成の仕組みの創出という、三つの目標を設定して進められました。

実装責任者の地道な研究によって、解決に一定の方法論（他罰性に注目した臨床理論）を提供しました。具体的には、実装責任者が家庭内暴力（ＤＶ）や性犯罪者処遇において実践してきたヒューマン・サービスの技術をこどもたちの虐待に応用し、大阪市こども相談センターと連携して家族再統合（家族機能の再生）事業を行いました。わが国では加害者となってしまった保護者をどのように更正させるかとの視点から児童虐待に取り組む例は多くありません。中でも加害者となった父親を対象とする例は珍しいと言えます。

児童虐待への対応は児童相談所が窓口となります。しかし児童相談所は〝介入〟と〝支援〟の相反する役割を果たさなければならず、保護者、特に虐待する父親とのかかわりには困難が伴います。

そこで本プロジェクトでは、児童虐待の問題を抱える家族への介入から家族再統合、さらに

暴力を振るった父親たちが円座を組んで脱暴力について語り合う「男親塾」。

その後の支援までを盛り込んだ仕組みを構築し、父親を対象とした月二回、一回二時間のグループワーク「男親塾」を開催しました。この父親支援は、各児童相談所による虐待介入後の家族再統合支援プログラムに組み込まれています。このプログラムは、虐待されたこどもの生活と心理面でのケアを基本として、虐待家族のやり直し支援のためのきずな再構成ケースワークを、よりよく機能させるための効果をもちます。

人材育成の面では、担当者が事例報告を行い、並行して研究者が臨床社会学的見地からスーパーバイズを行う家族再統合実践検討会を体系化したプロモーションＤＶＤを作成し、児童相談所に配布しました。ＤＶＤ教材からは虐待再発防止に向けたグループワークの有効性が見てとれますが、グループワークに参加しない保護者へのアプローチが今後の課題になるでしょう。

実装先は当初の大阪市内から大阪府内へと拡大し、さらに全国規模での研修会が実施され、各地で応用展開可能なプログラムが構築されています。青森県むつ市の児童相談所では、プログラムに関する専門家向けの講座が実施されました。シンポジウムや講演会には多くの参加者が集まり、本プロジェクトのテーマに対する関心の高さを伺わせました。

プロジェクト終了後も、実装責任者の熱意によってプログラムは引き続き継続されています。また二〇一三（平成二五）年五月にはＮＨＫ‐Ｅテレ「ハートネットＴＶシリーズ　子どもの虐待どう救うのか?　深刻化する虐待　児童相談所はいま」で、本プロジェクトで実施した「男親塾」への密着取材が行われました。

実装責任者のもとには、こどもだけでなく、高齢者への虐待行為、法に触れる虐待を行った者の社会復帰支援、対人暴力のある家族の弁護士と連携した紛争解決支援（弁護士と連携した家族調停支援）など領域を超えた相談が寄せられています。

04［情報交流で保育の質の向上を図る］

ＷＥＢを活用した園児総合支援システムの実装

安梅勅江
（筑波大学医学医療系教授）

実装責任者の永年にわたる多数の対象者を長期間観察する研究（コホート研究）によって得られた科学的根拠をもとに開発された本システムは、こどもと保護者の真のニーズの見極めと気づきによる「的確な実践」「実践の評価」「よりよい実践へのフィードバック」という支援ループを活用した「根拠に基づく実践」を可能にすること、特段の配慮を要するこどもを早期に把握し、他機関と連携した質の高い支援の実施と評価につながることが大きな特徴です。

本システム活用による保育の質の向上を目指した実践的な取り組みは全国に広がりを見せました。プロジェクト期間中に九一か所の保育所および幼稚園に「ＷＥＢ園児活用システム」が普及し、四万人あまりの園児情報が登録されています。保育実践の場からは、こどもの発達の状況を客観的に確認し根拠に基づく保育実践が可能になる点で利用価値が高いという声があがりました。ある児童発達支援センターでは、システムが出力するグラフを活用し、こどもの発達の状況を見える化した支援レターを作成しての訪問支援を展開しています。

本システムは保育の日本語読みからHを、活動を意味するOperatingからOPを取って「HOP」と名付けています。ホップ、ステップ、ジャンプのホップと関連づけて質の高い保育、こどもと養育者のよりよい保育実践が飛躍するようにとの願いも込めています。このHOPを活用した施設内での実務を通した教育訓練（OJT）も進めており、ある幼保連携認定こども園では園独自の「HOP活用マニュアル」が作成され、人材育成の取り組みがなされています。

保育所、幼稚園、保護者、全国夜間保育連盟、システム開発業者など多様なステークホルダーが協働して実装を進めており、研究者だけの活動に陥ることなく、多くの保育の専門職が多数参画する組織体制を作り上げたことが、実践の場のニーズに最も近いシステムの完成につながったと言えます。プロジェクト終了後は、本システムの保守および活用サポートを業者に委託し、継続した活用支援が進んでいます。多数の研修会、シンポジウム、書籍の発刊、論文発表も行われ、二〇一五（平成二七）年度の厚生労働省の補正予算「保育所におけるICT化の推進のための補助金」により新たに導入する保育施設も増え、海外の施設にも広がりを見せました。

05［幼児も可能な発達障害診断］

発達障害の子どもへの早期支援のための「気づき」・診断補助手法の実装

片山泰一（大阪大学大学院 大阪大学・金沢大学・浜松医科大学・千葉大学・福井大学連合小児発達学研究科科長）

発達障害（特に自閉スペクトラム症）への「気づき」の遅れは、その先の社会的不適応につながる可能性が高いと言われています。本プロジェクトは、乳幼児におけるユーザビリティの検証を行い、早期診断補助装置試作機を中心に据えた発達障害スクリーニング法の確立を目指し、九つの自治体の一歳六か月乳幼児健診および四つの医療・福祉関連施設で早期診断補助装置「GazeFinder®（ゲイズファインダー）」を用いた注視点の計測が行われました。「GazeFinder®」は静岡大学と株式会社ＪＶＣケンウッドが協力し、視点検出技術を利用して開発されました。機械を使って目線の動きを測定し、社会性の発達の水準を数値化し可視化することができます。頭を固定したりゴーグルを装着したりする必要もないため、乳幼児でも自然な形で測定を行うことができます。二歳までの被験者を対象に計測を行い、本装置の信頼性、自閉スペクトラム症診断の予測妥当性（感度が七八パーセント、特異度が八八パーセント）が確認され、プロジェクト期間中に開発企業と協力し、十台の試作機が製作・試用されています。早期診断補助装置の活用は、大阪府のモデル事業に取り上げられ、着実に全国展開への一歩を踏み出しました。装置の効果が確認できたことで、こどもの発達障害を短時間で判定することが可能になり、本人と保護者への早期支援につながることが期待されます。

またこどもの社会性を可視化することは、親の不安を払拭するというだけでなく、保護者、担当専門職などこどもを取り巻く大人の共通理解を促すことにもつながりました。現場で働く専門家からも「発達障害の早期発見の必要性に沿う素晴らしい成果」であると高い評価を得ています。大阪大学、金沢大学、浜松医科大学、千葉大学、福井大学と五つの機関にまたがるプロジェクトでしたが相互の連携も、また地域の自治体などとの連携も十分で予想以上の効果をあげました。また装置を製作した企業との連携も申し分ありませんでした。

プロジェクト終了後、さらに装置の感度を高めることや、一歳六か月以上の年齢層での検証を行うことなど、薬事・医療機器承認水準でのエビデンスを得るための研究開発は、国立研究開発法人日本医療研究開発機構（ＡＭＥＤ）に引き継がれました。

06 ［小中学生の社会性と規範行動を高める］

学校等における犯罪の加害・被害防止のための対人関係能力育成プログラム実装

小泉令三（福岡教育大学大学院教育学研究科教授）

生徒指導上の諸問題として指摘されている小中学生の暴力行為やいじめにまつわる報告が後を絶ちません。規範意識の低下も指摘されており、こどもたちの非行や犯罪への関与や被害を減少させる必要があります。本プロジェクトは、「ＳＥＬ－８Ｓ」や「ＳＥＬ－８Ｄ」などのプログラムを用いて、生活の質や量が変化したことによって低下したこどもの社会的能力を計画的・意図的に育てることで、犯罪の加害・被害を予防することを目指しました。ＳＥＬとはSocial and Emotional Learningの頭文字から名付けた社会性と情動の学習を意味しており、社会的能力を育成するために学校ですべてのこどもを対象に実施する教育プログラムの総称、あるいはフレームワークを指します。８Ｓは対人関係能力育成を、８Ｄは再犯防止学習を指しています。

福岡教育大学グループは小中学校での「ＳＥＬ－８Ｓ（of 8 Abilities of School）」プログラムの実装を担当し、複数の中学校ブロックにおいて、小中学校で一貫して「ＳＥＬ－８Ｓ」を実践することにより、犯罪の加害・被害につながるような生徒指導上の問題が減少することを目標としました。福岡大学グループは児童自立支援施設での「ＳＥＬ－８Ｄ（of 8 Abilities of Delinquency）」プログラムの実装を担当し、児童自立支援施設で、「ＳＥＬ－８Ｄ」が施設全体およびこどもが通う小中学校で定着し、社会性と規範行動が向上し、問題行動が矯正されることを目標としました。九州大学グループは、教育効果の測定を目的として実装活動を進めました。教員だけではなく支援学級の父兄、教育関連機関、他県の関係者なども巻き込んでの活動が行われています。

本プロジェクトのメインとも言える「ＳＥＬ－８Ｓ」は、福岡県内の二十を越える実践協力校で確実に実装され、「生徒指導上の問題行動の減少」「社会的能力の向上」における一定の成果を得ています。実装責任者は福岡教育大学での研修会開催や実践協力校の支援の他、無償ＣＤの作成と配布、ＷＥＢサイトの充実など積極的な展開を進めました。プロジェクト終了後は、この成果を更に発展させるため、ＪＳＴ－ＲＩＳＴＥＸ研究開発成果実装支援プログラム（成果統合型）「国際基準の安全な学校・地域づくりに向けた協働活動支援」プロジェクトにおいて関連プログラムと協働した活動が継続されることになりました。

07［医療保険適用になった評価法］
発達障害者の特性別評価法（MSPA）の医療・教育・社会現場への普及と活用

船曳康子
（京都大学大学院人間・環境学研究科准教授）

発達障害の特性別評価法「MSPA」（Multi-dimensional Scale for PDD and ADHD）は、発達障害の特性を集団適応力、共感性、こだわりなど十四の領域から捉え、レーダーチャートで視覚的に表し、当事者と周囲の双方から理解を促すものです。

本プロジェクトは次の四点を最終目標として進められました。

①MSPAを医療保険の対象とすること

②発達障害の支援・診療モデルを提案すること

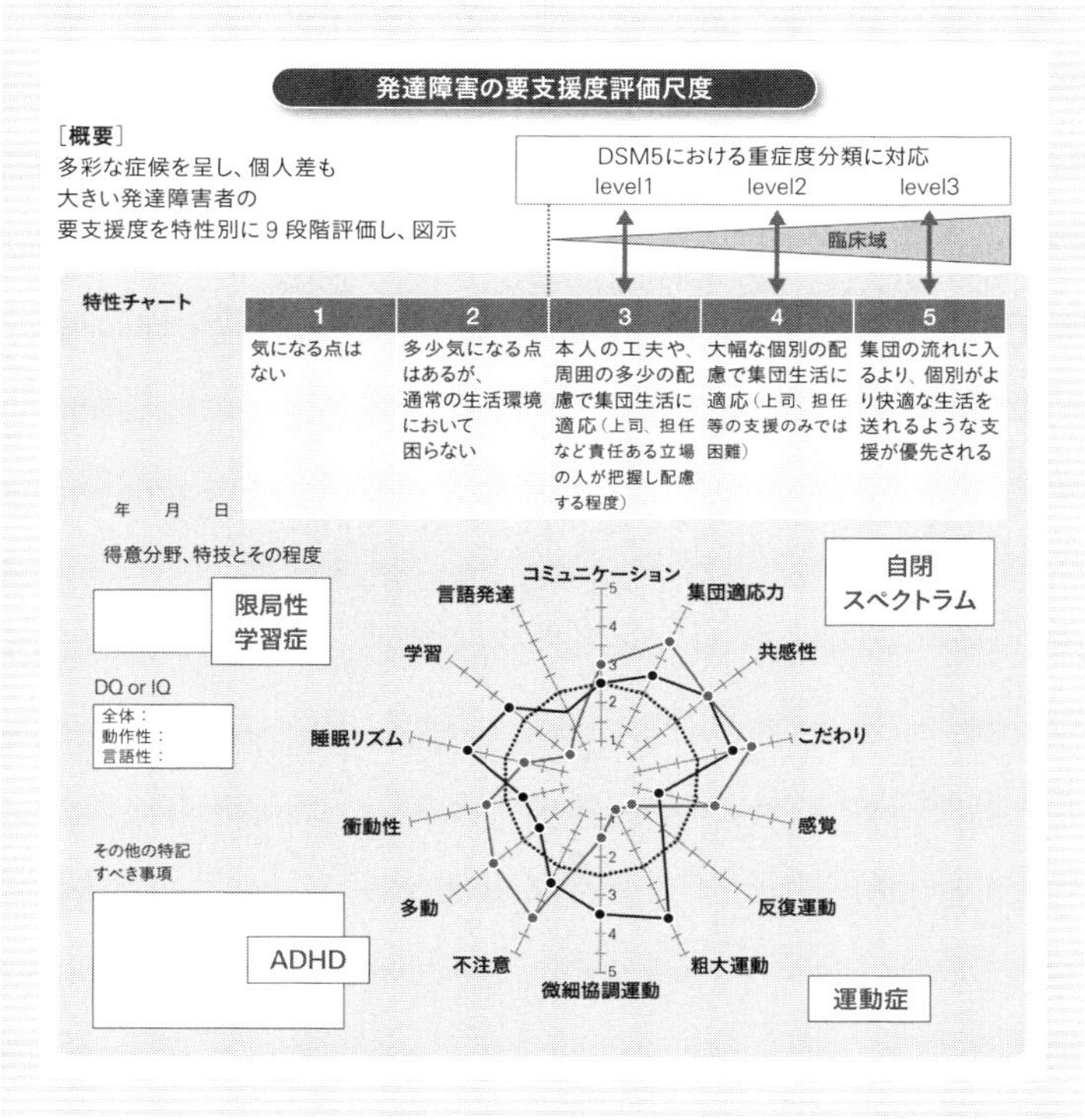
発達障害の要支援度評価尺度
[概要]
多彩な症候を呈し、個人差も
大きい発達障害者の
要支援度を特性別に9段階評価し、図示
DSM5における重症度分類に対応
level1
level2
level3
臨床域
特性チャート
1
気になる点はない
2
多少気になる点はあるが、通常の生活環境において困らない
3
本人の工夫や、周囲の多少の配慮で集団生活に適応(上司、担任など責任ある立場の人が把握し配慮する程度)
4
大幅な個別の配慮で集団生活に適応(上司、担任等の支援のみでは困難)
5
集団の流れに入るより、個別がより快適な生活を送れるような支援が優先される
年　月　日
得意分野、特技とその程度
限局性学習症
DQ or IQ
全体：
動作性：
言語性：
その他の特記すべき事項
ADHD
自閉スペクトラム
運動症
コミュニケーション
集団適応力
共感性
こだわり
感覚
反復運動
粗大運動
微細協調運動
不注意
多動
衝動性
睡眠リズム
学習
言語発達

MSPA評定用紙

③ MSPAの年齢層別（所属集団別）の評価を行うこと
④ MSPAを学ぶための講習プログラムを発足し定期開催すること

この目標を達成するために特別支援コーディネーターやキンダーカウンセラー、スクールカウンセラーを対象にして講習会を実施し、受講者に受講終了証明書を発行し年齢層別MSPA評価支援マニュアルを配布しました。

二〇一六（平成二八）年四月にMSPAが医療保険の対象となることが決定され、マニュアルの発行、講習会の定期的開催システムの立ち上げなど、目標に掲げた四項目のいずれも達成することができました。講習会の修了者は千名となり、履修希望者も千名以上となるなど、本プロジェクトの成果は全国に波及しました。講習会参加者のほとんどが、医師、臨床心理士をはじめとする発達障害のこどもの支援を行っている専門家であり、講習の成果はすぐに実践（臨床）されることが期待されます。また講習会では各種の立場から意見交換が行われ、共通理解を深めることにより人材育成にも寄与しています。

こうした講習会は、予算や事務処理の面から継続が困難となるケースが見られますが、本プロジェクトでは京都国際社会福祉協議会の協力を得て適切に運営されており、今後実装活動を行う人たちの見本となるものです。医師、臨床心理士、精神保健福祉士などの専門職、学校関係者、研究者、発達障害のあるこどもの保護者などが協力しあう組織体制を構築して積極的な実装活動が行われたことは、プロジェクトを成功に導いた理由の一つであると言えます。

MSPAは本来、用具による評価を含みませんでしたが、メンタルヘルスと行動のチェックリスト（ASEBA）、認知機能検査（新版K式発達検査）、光脳機能イメージング装置を用いた脳機能測定などのデータを追加、解析したことにより、その妥当性がより高められました。現場からの導入の意欲も高く、プロジェクト期間中に北九州市で市の事業として採用が検討された他、海外からも高い関心が寄せられました。MSPAのニーズが高まり活用する機会が増えることで、信頼性や妥当性がさらに高まることが予想されます。

本プロジェクトは発達障害に対する社会の理解の広がりに貢献しており、支援のあり方を考えるうえで、非常に大きな成果があったと言えます。今後、保育、教育、就労、社会支援などさまざまな側面を通した共通理解のもと、ライフステージを通した切れ目のない一貫した支援として活用され、当事者の利益になることが期待されます。

08［スクールソーシャルワーカーの活用］

エビデンスに基づくスクールソーシャルワーク事業モデルの社会実装

山野則子（大阪府立大学人間社会システム科学研究科教授）

いじめ、不登校や児童虐待など様々な問題への対応において、教育と福祉の連携が求められており、心理面だけでなくこどもを取り巻く環境に働きかけるスクールソーシャルワーカーへの期待が高まっています。

文部科学省によるスクールソーシャルワーカー活用事業は二〇〇八（平成二〇）年に始まりました。広がりを見せる一方で、スクールソーシャルワーカーの資格や業務は必ずしも標準化されておらず、事業計画を担う自治体の判断や、スクールソーシャルワーカー個々人の資質に委ねられている部分が大きいのが実情でした。

［**上**］地域に出向きワークショップ（鳥取）

［**左**］2015効果的なスクールソーシャルワーク事業プログラムのあり方研究会公開シンポジウム

［**右**］山野則子・スクールソーシャルワーク評価支援研究所編著

『すべての子どもたちを包括する支援システム』（せせらぎ出版、2016）

本プロジェクトは、各自治体が「効果的なスクールソーシャルワーカー事業プログラム」(以下、本プログラム)を採択し、スクールソーシャルワーカーの配置が進むことによって、①児童虐待や居所不明、貧困などの問題が早期に発見されること ②切れ目のない支援システムのモデル活用が各地で実施され、教育と福祉の連絡会が増加し、居所が不明な児童、見えない貧困が減少することを目指しました。本プログラムと合わせて切れ目のない支援システムの提案を行うことにより、本プログラムを活用する自治体を拡大し、日本社会福祉士養成校協会と協同することでプロジェクト終了後も、引き続き社会福祉の各方面に推進できるような仕組みづくりを進めたものです。

プロジェクト開始以降、シンポジウムやワークショップが積極的に開催され、プロジェクト終了時には本プログラムの活用者は、六七自治体四五六名に達しました。全国を六つのブロックに分け、各班のメンバーが熱心に地域内のサポートを行うことにより、三年間で、本プログラムを活用し実践する自治体が、全国に広がりました。本プログラムは文部科学省のガイドラインにも掲載され、人材育成に活用されています。また社会福祉士や精神保健福祉士を養成する大学や専門学校を束ねる一般社団法人日本ソーシャルワーク教育学校連盟において、本プログラムが研修に活用されるようになりました。

組織体制の面でも、実装責任者の熱意のもと、自治体教育委員会担当者、スクールソーシャルワーカー、文部科学省部局担当、国立教育政策研究所、日本社会福祉士養成校協会など関係機関が広く参加し、実行力を持つ体制を構築したと言えます。

多くの自治体が本プログラムを活用し、積極的にシンポジウムやワークショップに参加していることからも、今後の継続、発展の可能性は大きいと考えられます。また、文部科学省の「次世代の学校・地域」創生プラン（平成二八年一月二五日文部科学大臣決定）には、スクールソーシャルワーカー設置充実が明記されており、さらなる展開が期待できます。

いずれにしても実装責任者の熱意と意欲によって進められた本プロジェクトにより、スクールソーシャルワークに対する認識を高めたことの意義は深いと言えます。さらなる普及のためには自治体の理解が不可欠であり、こどもたちの置かれた状況の改善に向け、今後も本プログラムがきめ細やかに改良され、広く活用されることが望まれます。

09［未就学児の発達障害を客観的に判断する］

機能的近赤外分光分析診断法による注意欠如・多動症児支援システムの実装

檀一平太（中央大学理工学部教授）

注意欠如・多動症（ＡＤＨＤ）は、学業不振や社会的不適応、精神疾患の発症という二次障害につながることから、小学校就学前後の適切な支援提供に向けた客観的指標の確立が課題となっています。行動観察が中心となる現在の診断基準では、未就学児に不注意や多動、衝動性が見受けられたとしても、こどもらしさと病的症状の判別がしばしば困難でした。そこで実装責任者らは、ＡＤＨＤ児の脳機能低下と薬効による回復をモニターする機能的近赤外分光分析診断法を開発し、客観的バイオマーカーとしての有用性を示しました。機能的近赤外分光分析法は、脳の血流の状態の変化から脳の活動状態を計測する光イメージング技術の一つです。実験では、ADHD児と定型発達児に「行動抑制ゲーム」で遊んでもらい、ゲーム中に脳のどの部位が活動するのかを観察しました。

本プロジェクトでは機能的近赤外分光分析法による検査システムを用いたADHDの補助診断が、社会的な医療インフラとして実施可能となることを実証することをめざし、具体的には次の三点に従って活動が進められました。

①機能的近赤外分析法の機器を有する実装対象医療機関において、小児科医・心理士・検査技師が脳機能計測結果に基づきADHDを診療できるための技術整備を行う。

②実装対象医療機関と一次・二次医療機関の発達にかかわる医療従事者が脳機能検査を用いたアセスメントを共有し、実践に参画できるように支援システムを構築する。

③実装医療機関の対象者が上記システムの実装を円滑に行えるように、人材育成用研修素材（ハンドアウト用資料等）、患者家族を対象とした解説資料を作成して公開する。

実装責任者はマニュアルを作成し、民間企業と連携してソフトウェアのインストール、計測機器の接続と設定といったセットアップ作業を標準化しました。また解析プログラムについても自動化・簡便化に努めています。実装グループには、中央大学、自治医科大学、獨協医科大学、国際医療福祉大学、日本女子大学から参画があり、多施設間連携などが行われました。

10［親子でともに学ぶ］エビデンスに基づいて保護者とともに取り組む発達障害児の早期療育モデルの実装

熊仁美（特定非営利活動法人ＡＤＤＳ共同代表）

本プロジェクトは全国の療育機関と連携し、保護者の力も引き出しながら、地域に効果的な療育を届けていこうとするものです。具体的には、国際的に効果が実証されている応用行動分析（ＡＢＡ：Applied Behavior Analysis）の技法を用いた早期療育プログラムを、ペアレントトレーニングによって保護者の力を引き出すシステムと組み合わせて、自治体の療育センターや民間児童発達支援事業所、保育やリハビリテーションの現場に実装し、その効果を評価することが試みられています。また人材研修プログラムやカリキュラム設計に積極的にＩＴを活用することで、支援の質の維持・向上を図り、自治体などの既存の制度を活用したＡＢＡ早期療育の持続的な地域モデルを確立し、全国への普及を目指した実装活動が進められています。

初年度となる二〇一六(平成二八)年度は初級ABAセラピスト集中養成研修が開催され、計十四名が認定試験に合格しています。また四十名の療育機関関係者を招待し、公開シンポジウムと見学会を開催しました。プログラム見学会では慶應義塾大学と協働開発した早期療育プログラム「AI-PAC」の内容紹介や臨床・研修の見学が行われています。その結果、複数の機関から実装の要望を受け実装先は五拠点となりました。ITプログラムを活用した療育プログラムAI-PAC ONLINE、e-ラーニングの主な機能の開発は半年早く終了し、現場の実装を可能としました。二年目となる二〇一七(平成二九)年度は、親子共学型の早期教育プログラム「ぺあすく」を安定的に提供できる人材育成と運営システムの構築を目指し、五つの連携機関に対してAI-PACの実装と定期的なスーパーバイズが行われました。実装を担うセラピストは、全機関で合計三五名の育成が完了し、新たな実装先も確定しています。

本プロジェクトは本書の執筆時点で実装支援期間を終了していませんが、発達障害のこどもたちが可能性を最大限に広げられる社会の実現に向け、大きく一歩を踏み出したプロジェクトだと言えます。今後は、さらに多様な地域への実装の拡大が予定されています。実装活動を行う者だけが奔走するのではなく、同じ想いを持つ連携機関と協働し、地域で人が育ち普遍的に質を維持する仕組みをつくる姿は、社会実装の理想とするところです。

安全・安心

次々と自然災害に見舞われる日本では、誰もが安全であり安心な社会の実現を望んでいます。

安全・安心と聞くとまず台風や地震、津波、洪水といった自然災害を思い浮かべますが、私たちを脅かすのは自然的災害だけではありません。犯罪、火災、交通事故、航空機事故、そして銀行や交通機関のシステム障害のような人為的災害もあります。環境の破壊によって引き起こされる災害も、人間が引き起こした結果という点では人為的と言えますし、戦争や紛争などは最大の人為的災害です。

研究を進めるにあたり重要なことは、こうした脅威をもたらす様々な要因の中から何に注目するかです。

安全に対する判断基準は、多くの場合、科学的根拠に基づいて作られています。また、長い間に蓄積された安心に対する知恵は、誰にでも共通する社会通念として成り立っています。

しかし、この判断基準には社会的、経済的、技術的に妥協せざるを得なかったこと、考慮の対象から外したことなど多くの不確定な要素が混在しています。言い換えれば、常にどこまで配慮すれば安全であり、安心なのかがついてまわるのです。

ですから、絶対に安全・安心な状態はあり得ません。また昔と今では自然や社会を取り巻く環境が変わったために、以前は危険であったことが現在では安心できるようになるなど、その逆もあり得ます。科学的理論など難しくて分からないという人にも、できるだけ安全・安心の判断基準となる根拠を示しながら説明できるものでなければいけません。また時間の経過や周辺の環境の変化に対して、柔軟に対応できるものでなければなりません。

安全・安心は人間の生命と直結する事例が多いため、広く市民の支持を得られます。裏を返せば、いかに多くの市民を巻き込んで進めていくかが成功のポイントとなります。実例を見ながら、一人の問題意識が皆の問題として社会に定着し、解決の糸口を見出していくプロセスを一緒に考えてください。

11［わが国初の一一九番トリアージ・システム］

効率的で効果的な救急搬送システム構築

大重賢治
（横浜国立大学保健管理センター教授）

一一九番への通報が増加し、救急隊の現場到着が遅れたり、搬送先がなかなか見つからなかったり、救急医療を取り巻く環境は厳しいものがあります。これまで救急搬送は患者の重症度にかかわらず、通報順に行われていました。しかし、本プロジェクトでは、一一九番通報を受けた段階で、救急患者の病態や緊急度・重症度を聞き取り、患者の状態に応じて速やかに救急医療機関を選び、救える命を救うシステムの構築を目指しました。

実装責任者は横浜市消防局や関連する医療機関と緊密に連携し、緊急度・重症度識別アルゴリズムに基づく識別用コンピュータプログラムを完成させるとともに、病態に応じた搬送先医療機関選定のためのコンピュータシステムの開発を行いました。このシステムに基づいて二〇〇八(平成二〇)年十月一日から、横浜市安全管理局指令センターに、「コール・トリアージ」に基づく救急隊の弾力的運用が可能となり、救急救命活動に大きな効果を上げることになりました。「コール・トリアージ」とは緊急度・重症度識別とも呼ばれ、一一九番通報を受けた際に、傷病者を重症度と緊急度によって迅速に選別し、搬送先を決定する方式です。

二〇〇九(平成二一)年に消防法が改訂され、搬送先医療機関選定システムの構築が地方自治体に義務づけられることになったため、行政機関との課題のすり合わせに時間を要しましたが、継続してプログラムの向上が図られ、ほぼ目的を達成しています。プロジェクト終了後も、本プロジェクトのトリアージ・プログラムは、横浜市消防局で継続的に使用されることになりました。またアウトリーチ活動として、毎年「横浜トリアージ研究会」が開催されました。

本プロジェクトは地方自治体との連携が不可欠な取り組みです。地域ごとにさまざまな制約条件や医療体制があるため、そのまま横浜方式を導入するのは難しいかもしれません。しかし、一つのモデルを示したことは本プロジェクトの大きな成果と言えます。本成果は、わが国で初めて実用化された一一九番トリアージ・システムであり、今後の高齢化の進展に伴う救急出場件数の増加に対応するために必要だと考えられます。

12 「釜石の奇跡」はここから生まれた

津波災害総合シナリオ・シミュレータを活用した津波防災啓発活動の全国拠点整備

片田敏孝（群馬大学大学院工学研究科教授）

東日本大震災は私たちに多くの教訓を残しました。その一つに大津波により甚大な被害を受けた東北地方沿岸部でありながら、ほとんどの小中学生が無事だった岩手県釜石市内の「釜石の奇跡」があります。この事実は大きな反響を呼びましたが、この奇跡こそ、科学的根拠に裏打ちされた実装支援プログラムの成果だったのです。

実装責任者は、かねてから近い将来必ず発生する大規模な津波災害に備えて、津波災害総合シナリオ・シミュレータを開発してきました。予測される津波や地域住民への災害情報の伝達状況、住民の避難状況などから被害規模を推計するシミュレーション技術で、災害時に想定される様々なシナリオ状況を表現し、被害を推計することが可能です。津波襲来時の状況をアニメーション表示する「動くハザードマップ」は、適切な津波対応を住民自身がわかりやすく学ぶ教材として活用することもできます。

本プロジェクトの当初の目標は、このシミュレータを活用した津波防災に関する取組みが有効な手段として日本全国の沿岸地域に広く認知され、一人でも多くの犠牲者が助かる社会を形成することを目指すものでした。三つの地域で社会実装が実施されましたが、実装責任者はシミュレータの開発成果を地域に展開するために、受け入れに協力してくれる自治体を見つけるところから地道な努力を重ねました。

津波が来たらまず第一に逃げることが基本です。しかし沿岸住民の危機意識の薄さは大きな問題でした。シミュレータを活用して津波防災対策を実践した先行地域であった釜石市も、東日本大震災以前から、三陸地域の市民の津波防災意識が高かったわけではありません。震災以前のアンケート調査によると、地震が起これば津波が来ることを知っている人は六五・一パーセントであるのに対し、地震が発生したらまず逃げると答えた人は一・七パーセントに過ぎませんでした。

しかし実装責任者がシミュレータを活用しながら、「いざとなったらどうすればよいのか」を問いかけ続け訓練を繰り返した結果、東日本大震災で海から一キロ以内にある釜石市の小中学校は三階まで校舎が水没したにもかかわらず、中学生が小学生を引率して冷静に避難し、無事に逃げることができたのです。自分の命は自分で守る力を育てる授業が実を結んだのが「釜石の奇跡」でした。「奇跡を生んだ釜石市の取り組みはマスコミでも大きく取り上げられ、全国的にも関心を集めることになりました。

プロジェクト期間中は、必ずしも積極的にシミュレータを活用した津波防災対策を進めようとする姿勢が見られない地域もありました。しかし東日本大震災以後は、釜石市の事例を契機として、自治体の指導のみではなく市民の自主的活動としてハザードマップ作りが全国的に行われるようになりました。その後、津波災害に限らず、河川氾濫、高潮、ため池決壊など、さまざまな自然災害を対象にシミュレータの開発が進み、全国各地の自治体で実装が進んでいます。また防災計画の見直しにより、二〇一四（平成二六）年夏に新潟県三条市で発生した大洪水から市民を守るなど、各所で実績も上がっています。

2011年3月11日の東日本大震災当日、中学生が小学生の手を引いて、
学校から避難する釜石市のこどもたち

13 [流出した重油をバイオ処理する]

油流出事故回収物の微生物分解処理の普及

斉藤雅樹・小谷公人
(大分県産業科学技術センター)

転覆したタンカーや貨物船から流出した油類の回収・処理作業は多大な負担をともなう上、回収残渣を焼却処理するという環境負荷の大きい方法でした。プロジェクト開始から三年間実装責任者であった斉藤雅樹さんは、重油類は杉の樹皮に存在するバクテリアによって分解可能であり分解残渣は肥料として利用可能であることを発見しました。

本プロジェクトの目的は杉の間伐材の樹皮で作られたマットに重油類を吸収させ、マットをパーク堆肥とともに堆積して重油類をバイオ分解処理し、堆肥として利用することによって作業負担と環境問題を同時に解決することにあります。

この方法は、東日本大震災の津波等により漂着した災害漂着油回収物に適用され十分な効果をあげました。マット需要に対応してマットの製造拠点作りを進め東北三陸沿岸地域(岩手県)と油流出事故が多発している瀬戸内海沿岸地域(山口県)の二か所でバイオ処理拠点の形成が実現しています。流出油処理の管轄機関となる自治体、港湾事業者、海上保安部、油流出対応事業体などの相互協力、地元住民とのコンセンサス形成も成果を上げました。この処理法は環境省から、産廃処理許可を要しないが処理業許可については都道府県知事が許可者となる、という環境省の見解を得ています。

油類処理後に得られた堆肥は国土交通省南三陸国道事務所の協力を得て三陸沿岸の吉浜釜石道路新鍬台トンネル南側坑口付近の斜面に、植物の種とともに吹き付ける方法によって法面緑化工事に適用しました。塩分と油分を含む複合汚染土壌の浄化、船舶や工場タンクにおける油槽清掃水の処理にも適用を検討しており、今後の実装の広がりが期待されます。山口県では堆肥製造・産廃処理業者が油流出事故回収物の処理工場を完成させており、二〇一四(平成二六)年十二月に下関市役所に事業認可を申請し許可されています。

実装活動の結果、この手法は海洋流出した油類の回収方法として標準化されつつあります。「前例がない」という理由で採用されにくかった壁を乗り越えられたことは、実装活動の大きな成果でした。

14［医療従事者のヒヤリハットを防ごう］

投薬ミス・薬害防止のための、臨床事例を中核とした医療従事者向け情報交換・研修システムの実装

澤田康文
（特定非営利活動法人医薬品ライフタイムマネジメントセンター理事・センター長）

医薬品や健康食品の不適切使用や投薬ミスによる事故は大きな社会問題です。実装責任者は医療従事者が実際に起こった事例に学ぶことがミス防止の近道であると考え、東京大学大学院薬学系研究科の教員有志によって設立されたNPO法人医薬品ライフタイムマネジメントセンター（DLMセンター）を中心として、薬剤師のための情報交換・研修システム「アイフィス」と、医薬品情報提供サイトの医師のための「アイメディス」を形成しました。そして、この組織を通じてヒヤリハット事例や処方チェック事例を収集、解析して解説を加え、医療従事者間で共有するシステムを作りました。

本プロジェクトの目的は、医療従事者に「アイフィス」「アイメディス」への登録を促し、登録メンバーによる自律的な情報の収集と解析、並びに、情報の共有によるミスの防止に努めることにあります。登録会員数はプロジェクト期間中に目標の九割を越え、二〇一四(平成二六)年十月時点で、「アイフィス」の登録者数は一万五九六三名に、「アイメディス」も六二八二名に増加しました。情報の収集、解析、広報なども順調に進み、会員は全国から入会し、会員数の増加によって自律的経営可能の見通しを得ることができました。健康食品に関する情報の有料サービスも開始し、利用者数は増加しています。薬剤師向けのサイトとしてはユニークであり、医薬品に関する多くのヒヤリハット的なデータが集まり、活用されています。提供されるサービス内容の精度向上と事業継続に必要な財政基盤整備を同時に進めた点が、成功の鍵であったと言えるでしょう。今後、ジェネリック医薬品も増える中で、投薬ミスを防止するなど大切な機能を提供する可能性もあります。ＤＬＭセンターでは、大学の研究成果の社会還元のみならず、在宅勤務者による事例解析やセミナー教材製作、女性の育児休暇からの社会復帰を支援する育薬セミナーの実施など働き方の多様化にも貢献しています。

またＤＬＭセンターの新事業として、登録販売者向け情報サービス「アイレドシス」を開始し、会員登録者数は千人を超えています。二〇一四年三月から附属薬局も開設し、薬局関連の新規事業展開や財政基盤の強化を目指す一方、各種有料サービスの開発も継続しています。

15 ［トレーラートラック横転による事故撲滅を目指す］
物流と市民生活の安全に貢献するトレーラートラック横転限界速度予測システムの社会実装

渡邉豊（東京海洋大学海洋工学部教授）

海上輸送に使われるコンテナは非常に巨大で、長さ四〇フィート（約十二メートル）が主流であり、最近では四五フィートのコンテナが北米～中国などの航路で用いられています。こうした海上コンテナを積載したトレーラートラックは、重心の高さや積荷の偏りにより、法定速度以下で走ったとしても横転事故を起こす場合があります。横転事故は死亡を伴う悲劇的なものとなり、しばしばメディアに取り上げられてきました。

本プロジェクトの目的は、こうしたトレーラートラックの横転事故を防止し安全な社会の実現を図ることにあります。実装責任者は、実際にトレーラーを横転させることによって横転のメカニズムを解明し「トレーラートラック横転限界速度予測システム」を開発しました。

実装活動は、「トレーラートラック横転事故に関する社会的理解獲得活動」「トレーラートラック横転防止システムの普及活動」「トレーラートラック横転事故防止を目的とした制度制定・法整備」の三点を重点項目として進められました。プロジェクト期間中にトレーラートラック横転事故が頻発したこともあり、本システムに使用している三次元重心検知理論については、多数の取材を受けました。また事故により社会的関心が高まり、啓発活動にも大きな役割を果たしたと言えます。一方で啓発活動が主体となり、当初の目的を達成するには必ずしも十分な組織体制が確立できなかった面も見られました。

また国土交通省が主催した宮城県仙台市〜岩沼市間における「四五フィートのコンテナ国内導入に対する一般公道走行社会実験」で、本システムが安全走行証明および横転限界速度検知システムとして採用され、関係者の理解を得ることができたのは大きな成果の一つです。

残念ながら第三の目標であった法制化には至りませんでしたが、トレーラートラックのみに限らず、二〇一二(平成二四)年には鉄道、翌年には船舶での実証実験を成功させており、横転防止システムの製品化とその導入、普及への努力は継続されています。

なお、本システムは日刊工業新聞社主催「第二回モノづくり連携大賞」の準大賞を受賞しています。

16［災害被災者支援に不可欠な罹災証明発行を迅速に］震災後の建物被害調査と再建支援を統合したシステムの自治体への実装

田中聡（富士常葉大学大学院環境防災研究科教授）

災害発生時における家屋の被害認定は、事前に経験を積むことができないため、自治体職員にとって災害対応業務上の大きな課題になっていました。そこで本プロジェクトでは、災害発生時の建物被害認定調査から被災者生活再建支援までの標準的な業務をパッケージ化して、静岡県の自治体群へ実装し事例の蓄積を行うことを目指しました。

本システムの特徴は、行政側がすべてを実施していた災害支援手続に、被災者が参加できることです。その結果、行政の負担は大幅に軽減され、生活再建支援に関する手続が迅速かつ公正に実施されることになります。

本プロジェクト発足直後の二〇一〇(平成二二)年九月の静岡県小山町の水害をはじめとして、二〇一一(平成二三)年三月の東日本大震災、同年七月の新潟・福島豪雨災害と自然災害が相次いだため、これらを対象とした建物被害認定調査システムの実装が行われました。東日本大震災では自治体における自己診断から自己申告に至る仕組みの導入を支援し、建物被害認定調査のデータ処理方法、各被災世帯の情報を管理する被災者カルテの構築を進めました。特筆すべきことは本プロジェクトの取り組みが内閣府の罹災証明発行基準に採用されたことです。これによって本プロジェクトの社会的意義や災害復興、再建支援のあるべき姿が明らかになりました。

実装は地方自治体、消防団、自主防災組織、被災者、大学などが連携し柔軟かつ効果的に進められました。建物被害認定調査システムについては、被災住宅をタブレット上に再構築した調査ツール(被害認定カメラ等)を活用した研修が実施され、自治体が予算措置をして毎年実装研修を計画するなど、当初の目標を超えて達成されたところが多く見られました。新潟県小千谷市に残存している被災家屋を利用して行われた被害認定実地調査研修には、各都道府県から多数の受講者が参加しています。

その後、震災のみではなく水害についても地方自治体から支援依頼が多数寄せられました。本プロジェクトで開発した「建物被害調査for iPhone」はApp StoreにおいてiPhone / iPad用アプリとして無料で公開されています。

17［一人の取り残しもない被災者支援］

首都直下地震に対応できる「被災者台帳を用いた生活再建支援システム」の実装

田村圭子（新潟大学危機管理室教授）

災害に係る家屋の被害認定は、罹災証明書の発行や義援金給付の重要な指標であり、被災者支援策の根拠となるものです。被害認定調査は各自治体の職員が実施することになっていますが、認定基準が必ずしも均一でなかったために調査結果にばらつきが生じたり、罹災証明書発行までに多くの時間を要したりすることが問題となってきました。

本プロジェクトの目的は、建物被害調査〜罹災証明書発給〜被災者台帳作成を連携させたデータベースによる生活再建支援システムの導入と、現場対応の中核となる人材育成によって市民に良質なサービスを提供することにあります。

豊島区、調布市、東京都における総合防災訓練の結果、本システムを用いた生活再建支援の有効性が実証されました。東日本大震災は実装対象地域ではありませんでしたが、岩手県の判断により県庁内にサーバーを設置して被災者に被害認定を迅速に提供し好評を得ました。二〇一二（平成二四）年の京都南部豪雨水害（宇治市）でも本システムが導入され自治体職員の業務量軽減に効果をあげました。本システムの研修を受講した東京都の職員が宇治市に応援に駆けつけ協力できたことは本システムが自治体を横断して有効であることを示すものです。実装責任者は各地で災害が起こると直ちに現場に赴き、現地の職員をサポートしながらシステムの改良を推進し市民を巻き込んだ演習を効果的に実施しました。

本システムを導入した自治体職員は被害認定調査、罹災証明書発行、台帳出力まで一貫した仕組みを学ぶことができます。二〇一三（平成二五）年の東京都大島町の土砂災害では被災者台帳の法制化がなされて以後初めての被災者台帳を活用した支援が行われました。二〇一四（平成二六）年八月の京都府福知山市の豪雨災害ではクラウド環境における被災者台帳を活用し、二〇一六（平成二八）年の熊本地震では熊本県と共同して十七市町村が本システムを導入し生活再建支援に取り組むことができました。このように、首都直下地震を対象にしながらも日本各地における災害に適用され実効を上げています。なお、本システムは二〇一四年に被災者支援システムとしてグッドデザイン賞を受賞しました。

18［農家と地域住民が共に満足できる街路灯］
農作物の光害を防止できる通学路照明の社会実装

山本晴彦
（山口大学農学部教授）

短日性農作物と呼ばれるイネは初夏から秋にかけて明るい時間が短くなると花芽の形成が進み品質の良いコメの収量が確保されますが、市街地と農地が併存している地域では住民の安全のための夜間照明によって開花が遅れ収量や品質の低下が起こります。これを光害《ひかりがい》と言います。本プロジェクトは、ＪＳＴ大学発ベンチャー創出推進の事業で開発した光害阻止照明を水田に隣接する通学路に設置し、イネの光害を発生させず、夜間でも安全・安心な通学道路の確保を地域と連携して目指すものです。

これまで夜間照明が植物の生理生態に及ぼす影響については、一部の専門家を除き正しい理解が進んでいませんでした。そこで実装責任者は夜間照明によってコメの品質低下が生じる光害の仕組みを明らかにし、実装活動を通して得られたフィールドデータやアンケート結果に基づき、一般的には十分に認知されていない光害について地域住民に対し丁寧な説明を行うことにより、広く関心を集めることに成功しています。

光害の影響を定量化することにより、照明メーカーの理解を得て光害のない防犯灯を開発しました。適切な設置場所を決めるためにステークホルダーである市民、自治会、農家、農業生産法人、学校、自治体と議論を繰り返しつつ相互理解を得る地道な努力が重ねられました。その結果、関係者間の相互理解が深まる過程でLED照明のライフサイクルコストが蛍光灯に比較して高価でないことも理解され、実装地域である山口市平川地区・名田島地区の農家と地域住民にとって満足できる街路照明が設置されることになりました。光害の可能性がある農業地域で、光害阻止と防犯効果を兼ねたLED照明を設置し、地域の安全・安心に貢献した意義は大きいと言えます。

農業と地域の安全を両立する方法について、異なる立場の人たちが各々の立場を離れ真剣に議論できる場を設けたことにより、本プロジェクトは適切な結論に至ったと言えます。背景にはプロジェクトの活動方針や研究成果が、多様なステークホルダーに受け入れられるよう努力を重ねた実装責任者の強いリーダーシップがあります。

本プロジェクトは、プロジェクト期間中からマスコミにも取り上げられ、全国から問い合わせが寄せられました。二〇一二(平成二四)年の「光都ビジネスコンペ.in姫路」で最優秀賞を受賞するなど、数々の顕彰も受けています。

光害に関する啓発活動は、プロジェクト終了後も講習会、学会発表、論文発表、テレビ放映、書籍出版、雑誌投稿などを通じて続けられました。

二〇一四(平成二六)年には照明機器メーカーから、光害阻止LED照明器具の販売が始まりました。この製品は、山口大学発ベンチャー企業「株式会社アグリライト研究所」および実装責任者である山本晴彦研究室(山口大学農学部)との共同研究によって開発されたものです。照明器具メーカーの営業活動により普及が進んだことは、プロジェクト終了時には予想していなかったうれしい成果でした。イネ以外の農作物への適用試験も進み、国内の自治体のみならず海外での需要も見込まれることから、更なる展開が期待されます。

[上] サイトビジットの様子（山口市名田島地区）

[左] 山本晴彦編著

『農作物の光害　光害の現状と新しいLED照明による防止対策』

（農林統計出版、2013）

19［居眠り運転事故の元凶、睡眠時無呼吸症の早期発見］

ドライバーの居眠り事故防止のための睡眠時無呼吸症スクリーニングの社会実装

谷川武（順天堂大学大学院医学系研究科教授）

睡眠時無呼吸症（ＳＡＳ）は、日中の眠気や慢性的な疲労蓄積の原因となることが知られており、近年、トラック、列車、バスによる交通事故の原因となった事例も報告されています。またトラック運転者には中等度以上の重症度の患者が約十パーセント存在することが分かっています。このように有病率の高い睡眠時無呼吸症は、一個人の健康問題にとどまらず、社会全体の安全・安心を目指す上で、早急に解決すべき課題です。

実装責任者はＳＡＳの早期発見、早期治療によって事故は防止できると考え、ＳＡＳスクリーニング検査を実施しました。最終的には日本バス協会加盟事業者だけでなく、協会に加入していない事業者にもSASスクリーニングを普及させ、事故防止を図ることを最終目標としました。日本バス協会では以前から独自にSAS対策を実施してきましたが、SAS対策への対応の主体が各県単位に移行されるに伴い、当時は実施する県とそうでない県が見られるようになっていました。そこで本プロジェクトでは特に日本バス協会による「SAS対策事業」の復活に協力するために、SASスクリーニングの評価のノウハウを協会が活用できるよう整備することも目標としています。それによって日本バス協会が主体となり、実際のSASスクリーニングの効果を評価し、また公表することも可能となり、SASスクリーニングの受診事業者の増加ならびに制度の発展が期待されます。

従来のSASの診断方法は入院が必要となる場合が多く、検査費用も高額であるため積極的に利用されていませんでした。一方、本プロジェクトで使用される機器は睡眠時に装着し得られたデータを解析するだけなので、簡便であり、費用負担が軽く、運転者の理解も得られやすいと考えられます。

プロジェクト期間中の二〇一四(平成二六)年三月に北陸自動車道で痛ましいバス事故が発生した影響もあり、初年度から多くの申込がありました。最終的に三年間で十都府県、二二一社、四千四四三名のバス運転者に対してSASスクリーニング検査が実施され、多くの潜在的SAS対象者を発見しています。また被験者に対する基礎的なデータを集計したところ、肥満であるほど睡眠時無呼吸障害指数が高くなり、居眠り運転しやすくなると推測されることも分かりました。ＳＡＳは本人に自覚がないため放置される傾向にあっただけでなく、具体的な対策に乏しい側面がありました。そこで中等度以上の重症者には精密検査・受療を勧め、医療機関と連携し、スクリーニングから受療までの体系化したシステム作りも試みています。

シンポジウム、講演会、報告会、アンケート調査などの情報発信も積極的に進め、多数の事業者から大きな反響がありました。ＳＡＳスクリーニング検査を実施した結果から得られた知見は、報告会で公表するとともに啓発用ＤＶＤにまとめられました。

当初の目標であった日本バス協会全体への普及には至らなかったものの、多くの業界関係者を巻き込んで円滑な実装活動が行われたことにより、バス事業者がスクリーニングの実施から精密検査・治療までの重要性を認識し、ＳＡＳと事故の関係に対する認識を深めた意義は大きいといえます。プロジェクト終了後も、実装責任者は最終的な目標である法制化に向け積極的に啓発活動を続けており、さらなる普及が期待されます。

		人数	(%)
集計可能総数		4,380	
性別	男性	4,091	97.6
	女性	100	2.4
年齢	30歳未満	115	2.8
	30歳代	557	13.5
	40歳代	1,580	38.3
	50歳代	1,304	31.6
	60歳代以上	565	13.7
肥満度	やせ・正常	2,266	57.0
	肥満度I	1,329	33.5
	肥満度II以上	378	9.5
生活習慣	喫煙者(n=3,784)	1,790	47.3
	飲酒者(n=4,380)	2,332	53.2
	運動習慣あり(n=2,610)	926	35.5
睡眠関係	いびきあり(n=3,552)	2,217	62.4
	無呼吸あり(n=3,504)	846	24.1
労働・事故関係	10時間以上勤務(n=3,697)	1,847	50.0
	運転中眠くなる(n=3,504)	846	24.1
	居眠り運転経験(n=3,444)	320	9.3
	不注意による危機経験(n=3,432)	326	9.5
	車両事故経験(n=3,472)	415	12.0

SASスクリーニングを受診したバス運転手の特徴

*nは解析可能対象者数

20［地震で自宅に帰れなくなった人をどうするか］
高層ビル耐震診断に基づく帰宅困難者行動支援システムの社会実装

三田彰（慶應義塾大学理工学部システムデザイン工学科教授）

災害時の交通機関の途絶による帰宅困難者を安全な場所に誘導することは、大都市における大きな課題です。本プロジェクトの目的は、帰宅困難者を収容する可能性がある大規模高層ビルに建物の安全性を確認する構造ヘルスモニタリングシステムを設置し、大震災発生直後、瞬時に耐震診断を行い、安全確認されたビルに誘導することにあります。実装活動は高層ビルが林立する新宿駅西口において、八棟のビルに構造ヘルスモニタリング装置を設置し、東京都新宿区、新宿駅周辺防災対策協議会西口部会、ＪＲ東日本をはじめとする交通機関と協力して実施されました。当該地区で働く人や住民の多くがプロジェクトに参加したこと、装置供給者、開発業者二〇社と協力して「構造ヘルスモニタリングシステムコンソーシアム」を形成できたことは重要な成果でした。学会発表も積極的に行われ、研究者・技術者の関心を集めています。

二〇一四(平成二六)年十一月には、新宿西口のビル管理者、当該地区に所在する企業の社員の協力を得て防災訓練が実施されました。参加者は六百名を越え、高層ビルの安全性に対する人々の関心の高さを証明するものとなりました。この成果は日本橋地区(東京都中央区)や仙台市にも移転されました。瞬時耐震診断システムは海外からの関心も高く国際的普及が期待されます。本プロジェクトの結果を受けて新設の高層オフィスビルに本システムを導入することが常識化し、鉄筋コンクリート建物や戸建住宅への展開も検討され始めています。また熊本地震では二度目の強震で倒壊した例があったことから、このシステムが連続して起こる大地震に適用可能かを検証中です。

実装活動によって新たな課題も明らかとなりました。首都直下地震等発生時の新宿駅周辺地域の帰宅困難者は数十万人と推定されていますが、一つのビルに収容可能な人数は千人程度であり、安全なビルを公開すると帰宅困難者が殺到してパニックを引き起こす可能性があるということです。この他にも通信手段、避難誘導計画など、実装をやってみて初めて課題が明らかになったことも成果と言えます。これらの諸課題は内閣府・戦略的イノベーション創造プログラムの「首都圏複合災害への対応・減災支援技術プロジェクト」に引き継がれました。

21［いつでも、誰でも、どこでも高度な画像診断を］
医師の高度な画像診断を支援するプログラムの実装

金太一
（東京大学医学部脳神経外科助教）

最近の診療用機器の進歩は著しく、コンピュータ断層撮影（ＣＴ）、磁気共鳴画像診断（ＭＲＩ）のような画像検査は治療方針を決定するために不可欠となっています。

これらの機器で得られる画像は複雑な画像情報処理を行って作成されたものであり、画像を解読するには専門領域の高度な知識のみならず画像解読のための専門的知識も必要となります。本プロジェクトの目的は膨大な画像データを三次元コンピュータグラフィックスとして可視化し、参考書などの知識情報と融合することで高度な医療画像診断の技能が習得可能なシステムを構築すること、医療、医療教育の質の向上、過疎地の医療の質の向上を図ること、患者さんや患者さんのサポーターの安心感、納得感、治癒意欲の向上を目指すことにあります。

実装活動は医用画像情報を融合して三次元可視化できるシステムを構築し、医師以外の医療従事者や、一般人、患者に加え、学生や研修医に対する試用評価を実施しました。この評価結果を踏まえてシステムの改良を図り、二〇一七(平成二九)年度には大学の講義で使用され、東京大学医学部附属病院の研修医も日々使用しています。

広報活動としては、本ソフトウェアを用いたハンズオンセミナーを開催した他、アウトリーチとしてゲーム開発エンジン「Unity」のウェブサイトで本ソフトウェアの開発過程が紹介されました。

近年、スマートフォンやタブレットでレントゲン、CT、MRIなどの医用画像が閲覧できるアプリケーションが一般向けに公開され、誰でもダウンロードすることができるようになりました。このアプリケーションは、医用画像の世界的標準規格に対応しており、ほぼすべての医療画像を高速に見ることができます。これにより患者が自宅で画像を確認できるようになるため、正確な医療情報を医師と患者間で共有しやすくなります。このような実装の成果を踏まえて専門医と非専門医の協力、専門医の少ない地域における医療格差問題、患者の安心感の醸成などに効果が現れることが期待されます。

22 ［土砂崩落、雪崩を予測し避難警報につなぐ］
間伐材を用いた土砂・雪崩災害警報システムの実装

下井信浩
（秋田県立大学システム科学技術学部教授）

近年多発する土砂崩れや雪崩などの災害の予測・予報は喫緊の課題です。これらの災害を未然に防ぐには巡回による目視か、高価なモニタリング機器を使う必要がありました。

そこで本プロジェクトでは、低価格なモニタリングシステムによって土砂・雪崩災害などの異常発生を予測し、秋田県の防災行動計画へ反映させることを目的としました。長期的には全国の危険地域にシステムを広げ、土砂災害の予測、防災計画への反映を行うとともに、間伐材の有効利用を含めて地域産業の育成を目指すものです。実装責任者らが開発した「極限検出センサ」は圧力が加わると電位差が生ずる素子から構成されています。この素子をスギ間伐材で作成した簡易検知柵の接合部に敷設し、降り積もった雪が雪崩を起こす限界量に近くなると警報を発するシステムになっています。警報が発せられるとその情報は自治体に自動的に連絡され、状況に応じて市民に避難などの警報を発することになります。

実装活動は秋田県能代市、秋田市、秋田県農林水産部、建設部、一般企業との協力体制を組んで実施されました。二〇一六（平成二八）年九月には、実証試験現場である秋田県立大学木材高度加工研究所南試験棟において、システムの公開実装実験が行われました。この時には、システムが予期した通りに作動するかを確認するという、当初の目的を十分に達成することができました。

ついで二〇一七（平成二九）年には、雪崩発生が予想される実際のフィールドでの試験に移行し、システムの信頼性、安定性、耐久性の確認が行われました。本システムがバッテリーのみで約一年間の観測が可能であり、野外に設置した状態で、計測柵および検知システムのボルト型振動センサ、リミット型変位センサの腐食や破損などの耐久性の評価を行い、長期計測に関する耐久性については問題のないことなども確認されています。

本システムの特徴は、災害発生が予想されるサイトで間伐材のその場利用ができ、多くの地域に適応が可能であることです。

高齢者など要支援者に関するカテゴリーにおいては、普遍的なサービスを実現するために、制度化と将来の展望を見据えた組織体制を早期に構築することが重要です。社会にインパクトを与える製品・サービスを制度として実装するためにも、適切な共同実施者を迎える必要があります。

技術やサービスを社会の中で使い続けてもらうためには、機能を付加したり、時には市場とのやりとりも必要になるでしょう。実装責任者がマーケティングや技術の専門でない場合には、得意とする人たちとチームを組めばよいのです。研究室以外からメンバーを迎え入れることは、プロジェクトに市民を巻き込む一歩でもあります。

これまで自動車は、専門知識を持つ技術者が開発・生産し、免許を取得した人だけが運転できる乗り物でした。しかし今後、電気自動車が主流になり、運転の支援や自動化が進めば、高齢者や免許を持たない人も乗れるようになり、障害の程度に合わせた新たな運転の方法も進化するでしょう。その過程でユーザーも開発者になり得るのです。

また要支援者のサポートは、ＡＩやロボットなど情報技術の活用と結びつきやすい領域でもあります。今後予想される介護現場の人手不足を補い、生産性を高めるためにＡＩやロボットの導入を進める際には、現場のスタッフや利用者、その家族から現場のニーズに基づく改善提案やヒントがもたらされるかもしれません。そうした現場の声を拾い上げ、アプリケーションを一緒に進化させていくところに、社会実装の醍醐味があると言えます。

福祉をはじめとする要支援者への支援のカテゴリーで大切なのは、ユーザー自らが課題解決者になることです。少子高齢化と人口減少が同時に進行する日本では、事業者など担い手を増やすだけではなく、自ら集めたデータをもとに判断し、予防や改善ができる市民を増やすことが、財政的にも持続可能な社会作りに向けて、最も現実的な解決法と言えるでしょう。

23［高齢者の運転技術を再確認］

高齢者ドライバーの安全運転を長期間継続可能にする支援システムの社会実装

伊藤安海（独立行政法人国立長寿医療研究センター室長）

アクセルとブレーキを踏み間違えるなどの事故がマスメディアで大きく報道されるたび、高齢者の免許返納について議論されることが増えています。しかし、都心部以外の高齢者にとって自動車運転は日常生活に不可欠であり、早期の運転中止は高齢者のQOL（生活の質）の大幅な低下をもたらしかねません。本プロジェクトは運転能力に基づいて危険度を適正に評価し、危険性が高い高齢者ドライバーに対して運転リハビリ、安全教育などを行うことで、長期にわたる安全運転が可能な社会の実現を目指しました。具体的には、ドライビングシミュレータによる運転技術の再確認や、判断能力のトレーニングを実施することで、高齢者自身が自分の限界を予知する仕組みを構築しました。

シミュレータによる運転技能検査の結果、平均値が向上する効果を確認するとともに、七〇〜八〇歳代には「ブレーキ、アクセル操作」「レーンキープ」「車線変更」といった基本操作をシミュレータで七分間行う特別練習が必要であることが明らかになりました。こうして、シミュレータによる検査を積み重ねた結果、高齢者ドライバーの運転技能の平均値が向上する効果が確認できました。本プロジェクトは、シミュレータの導入を最終目的とせず、検査を積み重ねて問題点を探り、改善を導く講習まで統合した「システム」として構成されていること、そしてドライバー支援のガイドラインが策定されたことが注目に値します。二〇〇九(平成二一)年度から実装を始めた山梨県富士河口湖町では「高齢者ドライバー支援事業」として予算が計上され、すでに自立・定着しています。

プロジェクト終了後には、福祉部門と交通安全部門の部門間連携の機会が増えるとともに、イベントの実施、データ分析などで、地元警察との連携が行われるようになりました。事業の運営・拡大に関心を持つ中小企業と実装責任者がパートナーシップを結んだことは、本プロジェクトが自立した事業に転換していく足がかりとなりました。高齢者の「運転診断」「運転リハビリ」に関しては継続的な学会発表に加え、メディアで取り上げられたことにより、講演会などが増加し、普及に向けての進展につながっています。

24 ［転ばぬ先のシステムを目指して］
高齢者転倒事故防止のための移動能力評価システムの社会実装

塩澤成弘（立命館大学スポーツ健康科学部准教授）

転倒は高齢者のQOLに少なからず影響を与え、骨折により寝たきりになってしまうケースも少なくありません。本プロジェクトは、高齢者の転倒の危険性を把握し、防止に必要な運動の処方を行うことのできる社会システムの構築を目標とし、セーフコミュニティ実現の具体策として、世界に高齢者の転倒予防を発信することを目指しました。転倒の危険性の評価手法について、従来は筋力やバランス能力など、いわば静的な状態での評価のみが行われてきました。それに対し本プロジェクトでは、携帯型運動モニタ装置を使うことにより、動的な状態でのデータを提供することを重視しました。

京都府亀岡市の篠町自治会の協力を得て、体操教室の一環として行われた測定では、百台以上の携帯型運動モニタ装置を使い、三年間でのべ三七〇〇名の計測と、参加者へのフィードバックを行いました。このモニタ装置は、椅子から立ち上がって三メートルのコースを最長で十秒歩くだけで転倒の危険性を測定できるので、実装現場でも好意的に受け止められています。

プロジェクト期間中には製品化には至りませんでしたが、市民の協力の下で有効なデータを収集し、信頼性の高いシステムの構築を実現しました。第二四回トレーニング科学会大会(二〇一一年)で発表した「携帯型加速度モニタ装置を用いた短距離、短時間で行える歩行能力の客観的評価方法」は、今後の発展が期待される高齢者にやさしい装置であると評価され、同学会のトレーニング科学研究賞奨励賞を受賞しています。

プロジェクト終了後も、亀岡市の体操教室での取組みは継続され、体操教室実行委員会自らが歩行計測の計画を立案し、実行委員会メンバーも積極的に計測者として参加しています。また実装先も高齢者関連施設のみならず、ダム工事現場、フィットネスクラブなど多様化・拡大していきました。本プロジェクトの成果は、文部科学省「革新的イノベーション創出プログラム(運動の生活カルチャー化により活力ある未来をつくるアクティブ・フォー・オール拠点)」に引き継がれており、順天堂大学、滋賀医科大学との連携のもとで本格的な医療分野への取り組みも進展し、スマートウェアの開発・製品化が進められています。

25 医学的機能評価に基づく高齢者の排尿自立支援

「オムツに頼らず高齢者のQOL向上を目指す」

本間之夫（東京大学医学部附属病院教授）

要介護高齢者の約半数に尿失禁の症状が見られると言われますが、ほとんどは排尿機能を評価されることなくオムツやパッドといった排尿補助製品に依存していると考えられます。しかし、不適切な対処は介護負担の増加や高齢者のQOLの低下を招くだけでなく、本来可能な自立排尿をあきらめさせることにもなります。

本プロジェクトは排泄ケアを通した高齢者のQOL向上を目的とし、排せつ行為を人間の尊厳にかかわる活動と捉え、ケア方法の実践と排尿補助製品の適切な使用を通じて、高齢者の心身の健康を図るというものです。実装は都内の福祉医療グループおよび老人保健施設の全面協力を得て、入居している高齢者に対して、携帯式超音波診断装置を用いて残尿測定を実施し、排尿量などに基づき、排尿誘導、環境整備、薬物療法、理学療法などを行いました。その際、オムツはずしが目標にならないよう、必要に応じて排尿補助製品を使用するなど柔軟に対応するように心がけています。その結果、排尿補助製品のコスト削減が確認されるなど、一定の有効性が認められました。この成果は国内外の学会や研究会などで注目を得ています。

ステークホルダーが実装において主体的な役割を担うことの大切さや有効性は、多くの実装責任者が認めるところです。本プロジェクトでは、実装の舞台となった施設に加え、東京大学医学部老年看護学教室、同コンチネンス医学講座、東京都健康長寿医療センター、国立長寿医療センターとの協働により、高齢者の排尿自立支援に関する方法論についてマニュアル化に向けた準備が進められたことも大きな特長です。

通常業務に新たな作業が追加され負担が大きくなったにもかかわらず、科学的根拠に基づく排泄ケアを積極的に学びたいと考えるスタッフが増えるなど、介護現場を担うスタッフにとって貴重な経験につながっています。実装責任者も、現場のスタッフと議論を重ねる過程で、意欲のある看護師による学会発表など、人材育成に力を注ぎました。プロジェクト終了後も、実装活動を行った介護老人保健施設で、超音波利用で排尿を促す試みが続けられました。学会での発表や論文発表も継続され、学会助成金や厚労科研費を得ながら実装活動が進められています。

26［充実したセカンドライフを支援する］
高齢者の生きがい就労システムの社会実装

辻哲夫
（東京大学高齢社会総合研究機構特任教授）

世界一の高齢社会を迎えている日本では、高齢者の生きがいの充実をはかりながら、その活力を社会に活かす仕組みづくりも求められています。しかし、退職後のセカンドライフを支援する社会システムはいまだ確立されていない状況です。実装責任者は、〝セカンドライフの支援組織〟としてシルバー人材センターに着目し、千葉県柏市で発足した「高齢者の生きがい就労システム」の機能を複数のセンターの事業に組み込むこと、シルバー人材センターが社会的に有効に機能することで、誰もが退職後のセカンドライフの不安を覚えることなく、年齢にかかわらず活躍し続けられる未来社会を実現することを目指して活動が進められました。

最終的には、その実績をもとに厚生労働省の「生涯現役社会づくり」に働きかけ、全国千三百か所のセンターのセカンドライフ支援機能の強化・拡充を目標としています。

プロジェクト期間の三年間では、千葉県柏市、神奈川県茅ヶ崎市の二か所において、ジョブコーディネーターと呼ばれる生きがい就労事業を推進する専管スタッフが配置されるにとどまりましたが、新規就労者数が増加したことは成果と言えます。

人口構成や立地、産業構成などの地域特性によって、高齢者が暮らす環境は実に多様であり、一律の対応は難しい側面もありますが、本プロジェクト期間中に取りまとめられた「高齢者の生きがい就労事業の実装マニュアル——中間支援組織とジョブコーディネーター配置に関するノウハウ集」のバージョンアップを重ね、各地域に普及させる可能性が期待されます。

また二〇一六(平成二八)年四月の高年齢者雇用安定法改正によって、センターが取り扱う業務が拡大するとともに、臨時的・短期的・軽易な業務に限定されていた要件の緩和が施行されたこと、地域における高齢者の就労促進に資する事業として、厚生労働省「生涯現役促進地域連携事業」が新たに創設されたことも、各地のセンターでの実装を促進するでしょう。

マスコミの報道も多く、取り組みは関心を集めました。人類がいまだ経験したことのない新しい課題である、幸福な老い(サクセスフルエイジング)に一歩踏み込んだ、社会的意義のあるプロジェクトであったと考えられます。

27［認知症の進行を「見える化」する］

脳活動画像化装置による認知症予防プログラムの社会実装

田中美枝子（株式会社脳機能研究所主任研究員）

六五歳以上の四人に一人が認知症もしくはその予備群だと言われる時代です。二〇一二（平成二四）年度の調査によれば、認知症患者は四六二万人、予備軍である軽度認知障害（ＭＣＩ）を患っている人も四百万人いるとされます。莫大な医療費や介護費用の負担の問題もあり、認知症をＭＣＩの段階で早期発見し、進行を食い止めることは重要な社会的課題です。

しかし認知症予防は、本人や家族が効果を実感できなければ継続が困難です。そこで実装責任者は、認知機能の変化を「見える化」し、ＭＣＩ患者に対し効果的な取組みの支援を行うことが必要だと考えました。

本プロジェクトでは、株式会社脳機能研究所が開発してきた脳波データを用いる脳活動画像表示システムNATを、MCI患者の認知機能の変化を定量的に評価する可視化手法として、デイケアなどの機関に社会実装することを目標としています。

具体的には、MCI患者に対して認知症予防プログラムであるシナプソロジー®介入を行い、介入前後の変化についてNATを用いて評価しました。その結果をMCI患者または家族に通知したところ、シナプソロジー介入の効果を視覚的・定量的に認識してもらうことにより、支援や改善の必要性の理解促進が可能であることが判明しました。

また認知症分野の第一線で活躍する米国研究者を招聘し、日米の認知症予防の最新事情についての公開シンポジウムを開催し、米国でのNAT解析の紹介とディスカッション、米国特許の調査などを行ったことで、海外でのNAT解析の社会実装へ向けて先鞭をつけることもできました。

認知症の進行程度を定量化して脳機能活性化リハビリに役立てようという試みは、MCI患者や家族に受け入れられているとともに、リハビリ機関もNAT解析を有効に使おうとしており、認知症の進行程度を知り、リハビリに役立てようとする医療・介護機関も増加すると考えられます。今後は、予防によるQOLの維持の効果を積極的に発信するとともに、地域包括支援センターをはじめとする、地域社会との積極的な連携が期待されます。

28〔次世代のウェアラブル端末を目指す〕

視野障害者自立支援めがねの社会実装

下村有子（金城大学社会福祉学部教授）

視野障害の原因の一つである緑内障は、四〇歳以上の日本人の十七人に一人が患っているとされますが、現在の医療では一旦欠損した視野を取り戻すことはほとんどできません。長寿社会は、視野障害者が増える社会でもあるのです。実装責任者は、かねてから開発してきた「視野狭窄者自立支援用デジタルグラス試作品」を発展させ、視野障害者めがねを製作しました。このめがねを使用することによって視野障害者に健常者に近い視野を提供し、日常生活での危険の回避やＱＯＬの向上、自立支援を目指すものです。ユーザーはカメラがついたＨＭＤ（Head Mount display）を装着し、ウエストバックに入れた専用コンピュータで端末を制御します。実験・

改良を繰り返した結果、狭窄だけでなく、半盲・暗点に対してもサポート可能なめがねが製作されたことは、成果の一つでした。当初、試作機表示部のＨＭＤは閉鎖型（視野を覆うタイプ）のみでしたが、透過型（視野を覆わずに済むタイプ）ＨＭＤが発売され、実験が追加されました。最終的には二〇一二（平成二四）年に発売された市販のＨＭＤが用いられることになりました。また、初期のコントローラは端末（カメラ、ＨＭＤ）を変更する度に作り直す必要が生じるため、新たにＣ言語を用いてＷｉｎｄｏｗｓベースのコントローラにインストールする方式を開発し、採用することにしました。コントローラをＷｉｎｄｏｗｓマシンにすることで、プログラムの修正を行ってもそのまま使用することが可能になった点は、実装に向けて大きな前進でした。

全国で広報普及活動が行われ、百四〇名以上の視野障害者に加え、健常者も六〇名以上が体験し、実際のニーズや意見をもとに制御ソフトウェアについて改良が重ねられました。また組織体制の面では、北陸先端科学技術大学院大学、金沢大学、石川県視覚障害者協会、装置メーカなどと連携して開発が進められました。

当初予定していた実用的なウェアラブル端末としてはハードウェアの面で改良の余地を残しましたが、コントローラ、視野計測装置用ソフトウェアにおいては実装段階にまで進むことができました。市販のＨＭＤは年々、高性能化しており、今後ＨＭＤやカメラの開発者と連携することで、小型化、軽量化による加速的な普及が期待されます。

29［ジョイスティックの運転で自立生活へ］
肢体不自由者のための自動車運転支援システムの社会実装

和田正義（東京農工大学工学研究院准教授）

重度の肢体不自由者は、公共交通機関、自家用車などによる移動が困難なため、就労の機会が限定され、介護・介助者の負担も少なくありません。本プロジェクトは電動車椅子を利用する障害者が自ら障害者用に改造された自動車を運転することにより活動の場を大きく広げることを意図したものです。

当初設定された目標は次の三つです。

① 障害者自身による運転を支援し、一人での長距離移動を実現し自立生活を促進する。

②運転支援システムの社会的認知度を向上させ、普及させる環境をつくる。
③高い信頼性、安全性を有する低価格なジョイスティック運転装置を開発する。

最終的にはプロジェクト終了時点で免許取得成功者が三名、仮免許取得者一名という、当初目標を超える成果が得られました。肢体の不自由度は人によって異なるため、一人ひとりの状況に合わせて改造できるよう、制御ソフトを含め極力汎用性を持たせた点も成功の一因であったと考えられます。

これまで教習所での免許取得は、ジョイスティック式車両運転の壁になっていました。しかし実装責任者が、完成したジョイスティック車両を教習所に持ちこみ、熱心な働きかけを行ったことにより、この車両を利用して訓練することを可能にし、公認自動車教習所への通所および免許センターでの学科試験（技能試験は免除）での取得が可能となりました。あわせてリハビリテーションセンターにも車両構造や同乗時の対応方法などの説明を行い、センターでの練習後に運転免許試験場で学科試験と技能試験を受験するという、二つの免許取得方法への可能性を社会に提示することができました。また、実装期間の三年間で十一台の車両がジョイスティック式運転装置の装着を完了し、運輸支局の車両認可を取得したことも成果であると言えます。

本プロジェクトでは障害者、介護者、機器メーカーが適切に連携したことが、結果として受益者の満足を高めることにつながりました。実績を持つ福祉自動車メーカーやリハビリテーションセンター、教習所など、適切なパートナーとの連携を得つつ、十分な安全操作性試験、システムの整備が実施されています。さらにコンピュータや電子機器に関する専門的知識のない作業員や調整員、介助者、介護者に対するきめ細やかなサポートも行われました。

海外では十数年前からジョイスティック車の利用が始まっていましたが、日本ではほとんど普及しませんでした。米国からジョイスティック車を導入する場合、改造費用、免許取得費用、渡航費用、移送費用等高額な費用が必要だったからです。

手の届く価格で改造を可能としたことにより、電動車椅子を利用する人たちの車を運転したいという希望をかなえることができました。初めて両親を乗せてドライブすることができたというユーザーの喜びの声は、行動の自由が障害者にとってどれほど大事なものであるかを表しています。本プロジェクトの成果は、ユニバーサル・デザイン社会の実現に向けた大きな進展だったと言えるでしょう。

［上］運転席の様子
［下］後部乗り込み部（横開きハッチ＋スロープ）

30［DNA解析で盲導犬に適した犬を見つけ出す］
優良盲導犬の効率的育成と普及率の向上

鈴木宏志
（帯広畜産大学原虫病研究センター教授）

現在、わが国における盲導犬の導入率は先進諸国の中でもっとも低く、需要約五〜八千頭と言われていますが、実際に活躍している盲導犬は約千頭に過ぎません。一方で盲導犬の訓練を受けてもすべての犬が盲導犬として活躍できるわけではありません。全国の盲導犬事業所から、毎年約百五〇頭の盲導犬が供給されているものの新規利用者に貸与される盲導犬は約五〇頭程度です。このような状況ではとても目の不自由な人たちの要望に応えることはできません。本プロジェクトは、犬の性格遺伝子の多型解析による盲導犬適性の解析技術が、効率的な育成に有効であることを実証し、全国の盲導犬事業所にこの育成技術の利用と普及を促進すること、それによって合格率七〇パーセントを目標とし、年間育成頭数を三百頭、実働する盲導犬を一千五百頭とするために、繁殖コロニーの造成システムを含めた体制を構築することを目指しています。北海道を中心とした複数の盲導犬協会所属の犬についてＤＮＡ解析を行ったところ、八〇パーセントを超える確率で、盲導犬にふさわしくないキャリアチェンジ犬が抽出可能であることがわかり、遺伝子多型が盲導犬の適性に影響することが実証されました。これにより本プロジェクトは盲導犬の効果的育成、普及に寄与すると考えられます。

活動は帯広畜産大学を中心に、北海道盲導犬協会、関西盲導犬協会、九州盲導犬協会および日本盲導犬協会との連携のもとで進められ、新聞やテレビで取り上げられるなどマスメディアでも紹介されました。また世界盲導犬事業所連盟のセミナーでも関心を集めており、動物愛護の観点から、今後、海外の盲導犬、補助犬事業所にも普及する可能性があります。

また盲導犬だけでなく、聴導犬や介助犬のニーズも高まっており、こちらについても効率的な飼育・訓練での活用が期待されています。この方法が浸透すれば、適性のない犬にとって負荷を減らす手段としても効果的であると言えます。今後は遺伝子の多型解析によって盲導犬適性が低いと認められた犬については、パピーウォーカーへの委託を含めて盲導犬として訓練しないこと、また盲導犬適性が高い遺伝子多型を持つ犬を多く育成可能にする繁殖コロニーの構成・交配計画の策定を働きかけることも可能であると言えます。

31［社会参加の機会を拡げる］手指麻痺者の日常生活支援のためのパワーグローブの社会実装

諸麥俊司（中央大学理工学部准教授）

頚髄損傷者をはじめ手指に麻痺を負う人々は、介助を要する生活を余儀なくされ、就労を含む社会参加の機会が制限されるなど、生活の自立が大きく妨げられています。実装責任者は、手指麻痺者が日常生活を送るのに十分な指先力を発揮するパワーグローブの研究開発を進めてきました。パワーグローブの使用により任意のタイミングで対象物をしっかり持つことが可能になるため、手指麻痺者の日常生活動作（ＡＤＬ）改善と就労機会拡大に寄与することが期待されます。本プロジェクトは、そのパワーグローブに更なる改良を加え、実用化と普及を目指すものです。

補助制度の適用を受ける補装具として販売するためには、厚生労働省から補装具完成部品としての認定を受けることが重要であり、そのために臨床評価試験を行う必要があります。実装責任者は登録申請に必要な工学的試験評価および臨床的試験評価を実施し、パワーグローブの機能や性能に加え、ＡＤＬ改善や安全性に関するデータを取得して登録申請を目指しました。

実用化モデルに近い試験モデルを開発し、厚労省への申請に向けたデータ取得に取りかかるところまでは到達しましたが、結果として実用化や就労支援には至りませんでした。手指麻痺者の障害は一人ひとり異なるため被験者ごとに補装具の構造などに修正を加える必要があり、臨床評価試験の開始が大幅に遅れてしまったためです。しかし、三名の被験者によって、日常の使用に耐えうる仕様を定めることに成功し、補装具認定申請に第一歩を踏み出す成果を得ました。実際に取り組んで初めて必要と気付かされる機能や性能が多々あり、日常利用を想定する実用的装置を実現することの難しさを痛感することになりました。

被験者が辛抱強く協力する姿は、社会実装で被験者との連携がいかに重要であるかを印象付けられるものでした。実装責任者の異動はあったものの、長崎大学医学部、被験者、補装具製作会社などとの連携により、多くのステークホルダーを巻き込みながら、プロジェクトは進められました。手指麻痺者にとって麻痺による生活上の不便の解消や就労機会の獲得は、切実かつ喫緊の課題であり、手指麻痺者や家族からは早期実用化への期待の言葉が寄せられました。

32［聴覚障害者の高校での授業参加を支援する］

聴覚障害高校生への遠隔パソコン文字通訳での授業支援

玉田雅己（特定非営利活動法人バイリンガル・バイカルチュラルろう教育センター代表理事）

義務教育である小中学校には聴覚障害生徒に対する学習支援制度（特別支援学級・通級）があり、大学でも聴覚障害学生への支援体制の整備が進んでいます。一方、高等学校には同様の支援制度がありません。この解決策として、本プロジェクトは遠隔パソコン文字通訳を通したシステムを導入し、授業支援の制度化を目指しました。遠隔パソコン文字通訳とは、情報保障システム「T－TAC caption」を利用し、教師の声をスマートフォンから複数の遠隔地の文字通訳者に送り、文字に変換し、生徒のスマートフォンにリアルタイムで表示させる仕組みです。利用者、文字通訳者とも特別な準備が不要で操作も簡単であり、生徒はスマートフォンにインストールしたアプリを起動するだけで文字情報を見ることができるという特長があります。プロジェクトを通じ技術的な課題はおおむね解決され、継続的な実装活動の実施が可能となりました。

プロジェクト期間中の二〇一六(平成二八)年には障害者差別解消法が施行され、教育機関を含む公的機関において障害者に対する合理的配慮が義務化されました。これに伴い本プロジェクトは、高校で学ぶ聴覚障害生徒に対する遠隔パソコン文字通訳が公的制度に採用されることと、遠隔パソコン文字通訳システムを事業化することを最終目標としました。

モデルケースとして、聴覚障害を持つ高校生五名に対し、生徒が希望する全科目(体育を除く)の授業支援が、累計で約四七四〇時限にわたり実施されました。また授業支援内容の精査も行われ、今後の聴覚障害高校生への授業支援の改良につながる成果が得られました。実装活動は、多様な協力者を巻き込んでシステム改善、外注先の開拓、制度化などを行い、順調に進みました。聴覚障害を持つ高校生とその保護者、文字通訳者に対して直接ヒアリング調査を行い、三者間の連携を図ったことや、自治体、教師との関係を良好に保ったことなどが、成果につながったと言えるでしょう。行政からも一定の理解が得られ、プロジェクト終了直前に、都立高校一校と遠隔パソコン文字通訳の業務委託契約を締結することができました。また、遠隔パソコン文字通訳で授業支援を受けて高校を卒業した生徒が、大学等に進学することで、同じ障害を持つこどもへのロールモデルの一つとして示せたことにも、大きな意味がありました。

環境・その他

　これまで私たちは、何ごとも技術で解決できると考える傾向にありました。しかし解決できたとしても、それは一面的なものにすぎないかもしれません。法律が改正され見直しを迫られる可能性もあります。

　社会も環境も日々変化しています。問題に直面したとき最適化する道を探すのが一般的でしたが、今後は社会に価値をもたらす方向で問題を解決していく必要があります。そもそも一般に課題だと思われていることは、本当に課題なのでしょうか。制約と言われるものは本当に制約なのでしょうか。鳥のように俯瞰すれば、異なる解決策が見えてくることも考えられます。

環境カテゴリーで採用されたプロジェクトは、他に比べ残念ながら多くありませんでした。今後は日本国内の特定の地域に向けた研究だけではなく、資源活用できる素材や、社会システムそのものにアプローチするような社会実装に期待したいものです。

各自治体でごみの分別回収がこれだけ広まった背景には、市民一人ひとりがごみ処理やリサイクル問題に理解を示し、分別を徹底したり、プラスチック製品の使用を控えたりするなど、社会に根付いた環境意識の高まりがあります。また化学技術を活用したプラスチックごみの分解が効果を上げるなど、リサイクル技術も発達してきました。

社会実装で大切なのは広がりです。特定の場所で効果があったローカルな課題解決が別の場所でも有効であれば、最終的にこれまでのやり方や法律を変える動きになることもあり得ます。社会的広がりが、社会的な価値を高めることになります。

国連は二〇一五(平成二七)年に「持続可能な開発目標(SDGs)」として、貧困、飢餓、働きがい、気候変動など、二〇三〇年までに達成すべき十七の目標を定めました。

大きな地球を相手に、個人では何もできないような気がするかもしれません。だからこそ専門家の知識や技術と、市民の行動や意識がひとつになり、課題に向かっていく必要があります。

33［不測の事故に備える］
サハリン沖石油・天然ガス生産に備える市民協働による油汚染防除体制の構築

後藤真太郎（立正大学地球環境科学部教授）

かねてからサハリンの大陸棚には膨大な石油資源が存在することが知られていました。しかしその開発においては、施設の建設や油井の作業に伴う海洋破壊、宗谷海峡を通過するタンカーの事故など、オホーツク沿岸域の油流出事故に関するリスクが懸念されていました。また、油防除作業には、総合的な防除体制の確立を疎外する社会的要因が存在しているため、実効的な対策も望まれていました。実装責任者は、オホーツク環境ネット（OEPN：Okhotsk Environmental Protection Network）を中核にした沿岸油汚染防除活動の恒久化を目指し、各利害関係者・団体による協議会の設立と、事業内容の充実に向け、OEPNのNPO法人化を行いました。これにより、具体的な実装活動の基盤が構築されました。

本プロジェクトの背骨は「市民参加・協働型活動母体の確立」にあり、触媒としてソーシャル・ネットワーク・サービス（SNS）ツールを組み合わせています。防除への参加をSNS上で呼びかけるために、地域SNSの中に環境脆弱性指標（ESI：Environmental Sensitivity Index）マップや油の漂着情報などの地図情報を表示する機能を組み込むなど、難しい不測の事故に対する一つのモデルを提示したと言えます。

沿岸油汚染防除に関しては、プロジェクト終了後も毎年、北方圏国際シンポジウムにおいて油汚染対策をテーマにしたワークショップを開催するなど継続的な啓発活動を行っています。

他方、地震、豪雨、豪雪災害などマルチハザード対応にも展開することを目的に、二〇一二（平成二四）年より「新しい公共を作る市民キャビネット　スマート　ICT部会」「NPO法人災害支援団体ネットワーク」を設立し、災害時の情報後方支援と、平時におけるネットワークを構築しています。このネットワークは、その後の災害時に、情報後方支援を担当し拡がりを見せています。特に、広島豪雨災害では「新しい公共を作る市民キャビネット」を通して、三〇頭の救助犬を派遣し災害情報を提供しました。この他、二〇一四年から「新しい公共を作る市民キャビネット　災害支援部会」「NPO法人災害支援団体ネットワーク」とともに、ICS（現場指揮システム：Incident Command System）や図上訓練を組み入れた協働型訓練を実施しています。

34 ［林業を「見える化」する］

国内森林材有効活用のための品質・商流・物流マネジメントシステムの社会実装

野城智也（東京大学生産技術研究所教授）

豊かな森林資源を有効に活用するために、国内の森林材の需要拡大と林業の活性化はわが国の大きな課題です。しかし現状では工学的データの未表示、大量の流通在庫、供給主体の資金調達の不安定性などが、国内森林材の有効活用を阻害しています。本プロジェクトは、木材の品質・商流・物流マネジメントシステムを林業・木材産業に導入することにより、この分野に活力を注ぐことを目指しました。マネジメントシステムのうち、樹木管理データベースシステム、木質資源情報公開システムは、ひな型として活用されています。また流通経路の追跡が可能な木材流通トレーサビリティシステムについては、本プロジェクトで開発した設計仕様を参照して、林野庁のモニタリング事業が全国八地区で実装されたことにより、タグによるトレーサビリティの有効性を確認することができました。

実装責任者らは、木材流通における契約および資金ニーズのタイミングなどを、家具の製作にかかわる取引を通じて分析し、金融機関による動産担保融資（ＡＢＬ：Asset-Based Lending）の価値評価において必要となる情報項目を抽出しました。木材の流通加工に、プロジェクト型ＡＢＬを適用し、ＡＢＬを実行する場合の課題と対策を整理したことは、新たな可能性を切り拓く試みであったと言えます。本システムの試行に岩手銀行が関与したことにより、本格実施に向けての知見を得ました。

地産地消の考えが広がる昨今、ＡＢＬによってビジネスとしての林業を「見える化」するという試みは、国産森林材の有効活用について大きな発展性を持つものです。

組織体制については大学の研究者だけでなく、マネジメントシステムを運営する実務者型研究者、国内各地域の林業・木材加工・木材流通事業者、木材家具製作者、金融企業関係者など、さまざまなバリューチェーンの担い手との連携が図られました。

プロジェクト終了後、本プロジェクトで実装した品質・商流・物流マネジメントシステムのうち、「品質・商流・物流管理にかかわるサブシステムは、「木材トレーサビリティシステム」という名称で全国各地の事業で活用され、展開が進みました。

35 英虞湾の環境再生へ向けた住民参加型の干潟再生体制の構築

［干潟をもう一度みんなの手に］

国分秀樹（三重県水産研究所主任研究員）

三重県志摩半島南部に位置する英虞湾は、真珠の養殖で知られます。しかし近年、環境の悪化により、真珠生産は深刻な打撃を受けていました。本プロジェクトは、過去に干潟であった沿岸遊休地を活用することにより、生物の豊かな生態系を回復させ、干潟としての機能を発揮させることを実証するものです。実装の地は、英虞湾の奥にあるかつて干潟だった「石渕池」と呼ばれる調整池です。二〇一〇（平成二二）年三月に海と調整池を隔てていた水門が開放されると、淡水化していた調整池は約五〇年ぶりに海水で満たされました。半年後の調査では多くの生物が見られるようになり、放流したアサリやコアマモは干潟再生のシンボルとなっています。実装責任者は、行政担当者や市民が連携して実装活動に取り組める機会を数多く設け、多様な関係者と協働でプロジェクトを実施していきました。地元住民をはじめ地元小学校を対象にしたアサリの放流、海草藻場の造成、生物調査、そして定期的に開催された干潟の観察会の実施により、海の環境保全や干潟の重要性に関する理解が高まり、干潟再生のサポーター増加につながっています。

また行政の抱える課題の解決に向けて、沿岸域や堤防を管理する行政機関との連携のもとに「干潟再生研究会」や「英虞湾自然再生協議会」が組織されました。民間企業とも共同研究体制を構築して「干潟再生マニュアル」を作成し、実践に結びつけています。活動期間中に、実装地域は丹生の池、大谷浦へと拡大し、企業のＣＳＲや里海再生事業に結びつけることもできました。干潟の環境を維持していくためには、地域の住民を含むステークホルダーの理解が欠かせません。本プロジェクトでは、関係機関を柔軟かつ効果的に巻き込むことによって、多様で、時と共に大きく変わる課題に巧みに対処したと言えます。国内外からの視察や招待講演にも積極的に対応したことで実装活動は拡大し、二〇一〇年に名古屋で生物多様性条約第一〇回締結国会議（ＣＯＰ10）が開催された際には、干潟再生による自然との共生活動を世界へ向けて発信しています。プロジェクト終了後も干潟再生活動は志摩市の重点施策として引き継がれ、連鎖的に広がりを見せています。

36［トマト栽培から始まる農業活性化］
環境負荷の低減に資する持続的農業生産システムの実装

林正浩
（静岡大学イノベーション社会連携推進機構教授）

わが国の農業分野における国際競争力の強化が求められる中、耕作放棄地の増加、新規就農者数の伸び悩みなど、農業経営の安定化に向けた抜本的な課題解決策が急がれています。本プロジェクトは地域行政機関の協力の下、農場廃棄物や一般廃棄物をＡ重油に替わる農業生産用再生エネルギーとして活用し、循環型社会に根差した持続可能な農業生産モデルの構築を目指すものです。具体的には、静岡大学附属農場内の栽培ハウスにバイオマス燃料による施設栽培設備を整備し、冬季に再生燃料を利用したトマト栽培を行いました。バイオマス燃料は、行政機関への届出などを行い、静岡大学が開発した亜臨界水処理装置で植物残渣などの一般ゴミ・

産廃物を適切に処理して生成されています。再生燃料使用による環境面（排煙・排水・臭気等）の調査・評価を実施しました。また、当該再生燃料を使用した施設での栽培に関する新規参入採算モデルや、行政区内での経済効果の試算も行いました。その際、実装責任者は、社会システムとしての導入可能性を検討するため、周辺自治体、関係機関の各担当者を招集した「実装評価・検討部会」を年二回開催し、評価および実装において生じた新たな課題解決に向けた討議を実施しています。

当初の目標は、計画されている地方自治体（藤枝市）の廃棄物処理施設（クリーンセンター）内に、亜臨界水処理装置導入に向けた提言を行うことでした。しかし藤枝市に対して、クリーンセンターにゴミ分別不要でさらに農業振興、環境負荷低減となり得る燃料生成装置の活用を提案したものの、「周辺自治体と協議の上、公的制度設計への展開、また農業振興・普及を進める全国規模の提言材料」には至りませんでした。また、もう一つの重要な柱である自治体やコミュニティとの対話についても、住民説明に遅れが見られました。他方で、静岡大学全学を挙げた協力体制に加えて、地域農業団体や関連する業界などとの連携が見られ、地域の大学としての適切な課題選択が成されたと言えます。副次的な成果として、栽培促成効果を期待して設置したAEMDプラズマランプ（Antenna Excited Microwave Discharge Lamp）が、実際のトマト栽培において、照射による促成と糖度を高める効果を持つことが実証されています。

37 ［木炭と手作り水車で発電を］
分散型エネルギーの利用促進と農山村地域環境ビジネスの創出

両角和夫
（東京農業大学総合研究所教授）

自然環境の悪化と不況という地域が当面する社会問題に対処するためには、自然生態系の修復をビジネスによって実現することが必要です。本プロジェクトは、森林生態系の修復・整備をビジネスによって実現し、地域に産業・雇用を創出して、環境と経済が両立する地域社会を構築することを最終目標に進められました。実装活動の舞台となった岩手県陸前高田市生出《おいで》地区は、「隠れ里」と呼ぶにふさわしい静かな山村で、昭和三〇年代後半まで木炭が地域の経済を支えてきました。この地域資源である木炭と豊かな自然環境を活用し、本プロジェクトは次の三点を三年間の達成目標に据えました。

① 地域資源を用いた再生可能エネルギーによる発電方式と分散型蓄電・給電システムの完成
② 充電式重機などによる間伐と電気式温室での有機野菜栽培方法の確立
③ グリーン電力制度、オフセット・クレジット（J－VER）、国内クレジットなどの利用実現の目途を立てること

地域資源に関しては、木炭発電と水車発電による発電方式、およびバッテリースタンドによる蓄電・給電システムの基本的要素を構築しました。②の充電式重機による間伐は経済的・環境的メリットが認められました。電気式温室については冬季の栽培に必要な加温ができませんでしたが、概ね目標は達成されました。③についても、木製水車による小水力発電（名水の里発電所）、木炭発電（紅葉の里発電所）が、一般財団法人日本エネルギー経済研究所のグリーンエネルギー認証センターからグリーン電力として認証を受けています。当該センターでの検討を通じ、関連委員や事務局メンバーに新たな再生可能エネルギーのあり方について理解を促すことができた点は、副次的効果の一つであったと言えます。

本プロジェクトには生出地区のほとんどの住民が参画しており、森林組合、関係任意団体などとの連携も適切に行われました。こうした活動の推進力となったのが、ともすれば地域にありがちな閉鎖性という障壁を乗り越え、集落に入り込んで活動を推進した実装責任者の熱意であったことは間違いありません。

38［スマート農業で大規模稲作農家をサポート］

大規模稲作農家への農業水利情報提供システムの実装

飯田俊彰
（東京大学大学院農学生命科学研究科准教授）

日本の農業の基幹である稲作は、後継者不足、貿易自由化による外圧、コメの消費量低下に直面しています。耕作が放棄された土地も増加し、国土の荒廃などが懸念されています。こうした状況を打開するために推進されているのが、稲作の大規模化です。水田はイネの生育や気温に合わせて、こまめに水位をコントロールしなければならず、水田を毎日見回る必要があります。しかし、水田が広域に分散しているため見回りや水管理が負担になり、大規模化の足かせとなっている現状があります。

本プロジェクトは、水田の湛水深などの情報をモバイル端末などに提供するシステムを大規模稲作農家の圃場に実装し、効果を実測して客観的に示すことにより、成果を広く展開することを目指しました。実装活動は、多くの水田を所有する有限会社アグリ山﨑（茨城県坂東市・農地所有適格法人）と組んで行われました。アグリ山﨑は、五七ヘクタールの水田稲作と二七ヘクタールの畑作を行う他、すし用米を北米へ輸出するなど、先進的な稲作経営を行っている大規模農業法人です。ＩＣＴを活用したスマート農業にも積極的で、科学的アプローチに抵抗がなかったことは、本プロジェクトをスムーズにした一因だと言えるでしょう。同法人の代表者も実装メンバーの一員として参画しています。

実装責任者は、実装対象農家、民間企業と議論を重ねて開発した「農業水利情報サービス提供システム」を使って、湛水深データを農家が持つ各種モバイル端末へ配信し、現地へ行かなくても水位を把握できる仕組みを構築しました。ＩＣＴやドローンのようなＵＡＶ（Unmanned aerial vehicle）技術を導入することで水を管理する労力が削減されると、余剰時間を利用してさらなる経営規模の拡大、加工、販売への転用を進めることが可能となり、大規模稲作農家の経営安定化と自立につながると考えられます。アウトリーチ活動として、アグリビジネス創出フェアなど展示会への出展やワークショップも積極的に行い、農業水利を専攻する大学院生が小学生を対象にした模擬授業も行いました。

39［微量な血液で確定診断につなげる］

急性白血病の早期診断を目的とした誘電泳動による細胞検出・同定法の臨床応用

今里浩子〈一般社団法人ファジィシステム研究所主任研究員〉

かつて白血病は不治の病と言われてきました。しかしその治療は進歩しており、経過が早いとされる急性白血病についても、白血病細胞が末梢血中に現れる極めて早い時期に確実に検出できれば、薬剤投与による完治が期待されます。本プロジェクトは、研究グループが開発した「誘電泳動現象を利用した急性白血病細胞の検出・同定法の確立」を目指しました。そのために、誘電泳動環境の整備として、細胞に効率よく誘電泳動を生じさせるための溶液を創出し、その溶液中に高周波電圧を印加しても細胞にダメージの少ない条件を検討しました。また、細胞が球体を維持することが可能で、かつ電界集中も生じないデバイスの設計と製作を進めました。

現存の白血病細胞検出器の検出感度が一マイクロリットルあたり百個であるのに対し、十個を目標としています。具体的には、指先から採取した微量の血液を計測器にかけ、進行波電界および誘導泳動力を使って分離していきます。その結果、細胞を生きたまま抽出し確定診断につなげようと考えるものです。白血病細胞の検出・同定方法は確認されつつあるものの、プロジェクトを通じて生体細胞の取り扱いやデバイスなどに相次いで問題が生じ、目標が大幅に変更されています。しかし、マイクロフルーイディクスデバイスとの組み合わせによるハイスループット化への改良も含め、プロトタイプ製作及び検出・同定法の確認作業は進んだと言えます。

誘電泳動とマイクロフルーイディクスを組み合わせた方法により、白血病細胞の検出・同定が可能であることを確認することができたことは、今後の急性白血病診断に大きな意義を持つと考えられます。健康診断等で早期に発見することができるようになれば、社会に大きな福音をもたらすことは間違いありません。

40［サポート下着と骨盤底筋体操で女性の悩みを解決］
女性の尿失禁予防・改善を目的としたサポート下着の社会実装

岡山久代
（滋賀医科大学医学部看護学科准教授）

おなかに力が入った際にふいに尿が漏れてしまう腹圧性尿失禁の症状がありながらも、抵抗感や羞恥心から受診せず放置したり、罹患リスクのある女性が多いことから、負担が少なくセルフケアが容易な予防・改善方法の開発が急務となっています。本プロジェクトは、こうした悩みを抱える成熟期・更年期女性を対象に、体型補正などの用途で開発された既成のサポート下着（補正下着）を用いて、腹圧性尿失禁予防・改善効果の実証を目指しました。

実装活動は、滋賀県下の八つの施設で実施されている子宮がん検診を受診した女性を対象に行われ、啓発用リーフレット（成熟期・更年期女性用）を用いた、腹圧性尿失禁についての知識、セルフケア方法などの啓発が実施されました。同様に、滋賀県内で出産した入院中の二〇～四〇代の褥婦を対象に、啓発用リーフレット（分娩後の女性用）を用いたセルフケア方法の啓発も行いました。産後一年以内の千五百名の女性を対象としたインターネット調査でも、セルフケアについて関心があると回答した女性は七九・八パーセントにのぼりました。

また、妊娠中～分娩後、成熟期・更年期女性を対象とした公開講座・教室において、骨盤底のセルフケア（サポート下着・骨盤底筋体操）の啓発を行ったところ、サポート下着や骨盤底筋体操によるセルフケアの関心が受講後に高まることが分かりました。

縦型オープンＭＲＩによる評価でも、統計的に処理することができる水準のデータ数を獲得し、効果の推定が可能となりました。サポート下着・骨盤底筋体操を用いた尿失禁予防・改善の効果について科学的根拠を与えており、今後、普及が拡大することが期待されます。インターネット活用による啓発やモニタリングも、一定の効果を上げています。尿失禁の症状がある女性のうち「腹圧性」に起因する人は約六〇パーセントだとされます。効果をしっかり検証し、具体的なセミナーなどを通じて啓発に努めていることからも実装の継続性は高いと考えられます。

41［旅行者・地域・観光業者を支援する］

旅行者と地域との共生に資する観光プランの作成支援技術の基盤化と社会実装

原辰徳
（東京大学人工物工学研究センター准教授）

訪日旅行者が急増する中、観光案内サービスの質の向上が求められています。一方で、外国人を含む旅行者の多様なニーズがつかめず、地域活性化を目指す上で地域の魅力をどのように発信すればよいのか悩んでいる受け入れ先も多く見受けられます。本プロジェクトは、「旅行者」「地域」「観光事業者」の三方良しを目指すものです。すなわち、旅行者の利便性を向上させることに加え、地域の生活文化を楽しむ滞在へと誘導することと、観光まちづくり活動の継続的な実施によって地域住民の自信・誇り・活力の醸成をはかることにあります。

具体的には旅行者に対する観光プランの作成支援ソフトウェア「CT-Planner」の機能をクラ

ウド化し、観光ポータルサイト、観光案内所および宿泊施設に導入すること。それにより名所・旧跡以外の訪問率や回遊率を上げ、観光資源の発掘や施策の効果測定を行い、観光まちづくり活動を円滑に進めることを支援するものです。またもう一つの大きな目標として、観光サービスコンソーシアムを設立し、多地域展開と地域間連携を図ることにより、実装対象地域を拡大することを設定しました。CT－Plannerは、実装責任者と首都大学東京観光科学域の倉田研究室によって開発された、インターネット上で簡単にまちあるきプランを作成できるツールです。交通手段、観光エリア、出発地と目的地を指定し、街歩きのスタイルを選択するだけで最適な移動ルートが示され、印刷したり、スマートフォンに転送したりして活用することができます。国内八〇エリアに対応しており、英語、中国語（繁体・簡体）、韓国語コンテンツへの多言語対応も進められました。また、これらの集積された旅行者のデータを活用することにより、CT－Plannerは、地域・観光業者にとっても有用な観光プランニングツールとなります。

当初はウェブサイトのみでの提供でしたが、宿泊施設の客室に設置された端末への搭載数は数千台を超え、観光案内所への設置、観光協会、自治体のポータルサイトへの導入が進みました。二〇一六（平成二八）年にはＪＲ東海のキャンペーンサイトにも搭載されており、当初の目的は達成されたと言えます。プログラムも大幅に改良され、地域内の観光プランを事前に分析できる「CT－Planalyzer」も製作され、より使いやすいものとなりました。

東日本大震災

二〇一一（平成二三）年の東日本大震災は、これまで信じられていた安全・安心を脅かし、慣れ親しんだ暮らしや環境を根こそぎ変えてしまう未曾有の災害となりました。

ＲＩＳＴＥＸでは、震災直後の四月に復旧・復興にすぐ役立つ研究成果を被災地で実装し、復興を支援する目的で「東日本大震災対応・緊急研究開発成果実装支援プログラム」の提案を募集しました。緊急公募で二三年度内限りの支援となることから、対象は取組内容が具体的で災害復旧・復興への効果が現段階で既に明確なものとしました。

二週間という短い公募期間にもかかわらず、大学、ＮＰＯ法人、企業などから一二四件の応募があり、いずれも研究成果を社会実装し、被災した人たちに何らかの貢献をしたいという研究者の熱意を感じるものでした。

採択された六件は、社会実装の基礎となる研究開発成果が明確であり、震災の復旧・復興にさまざまな角度から迅速に取り組もうとする姿勢が見られます。単に被災地域など対象が明らかであるかに留まらず、実装の具体的な効果、組織化や地域との連携体制、支援後の自立的活動の継続性などの観点で期待されるものでした。

震災復旧・復興の多岐にわたる問題すべてを網羅することはできませんでしたが、時宜を失することなく研究開発成果を社会実装につなぐプロジェクトであったと言えます。

その後も日本のみならず世界各地で地震や豪雨、噴火などによる大きな災害が発生しています。また国内では南海トラフをはじめとする大地震も予想されており、プログラムで得た成果を復興や防災に応用できる可能性があります。

その際、大切なのは土地に根ざした文化と住民のくらしを尊重し、地域に即した展開を進めることです。本プロジェクトで得た目に見える成果が受益者となる自治体や諸機関ならびに市民の皆さんによって高く評価され、今後も広がっていくことを期待しています。

42［避難生活のＱＯＬ向上を目指す］
応急仮設住宅の生活環境改善のための統合的実装活動プログラム

丹波史紀
（福島大学行政政策学類准教授）

本プロジェクトは、ハード面（集会所、診療所、ケア付き仮設住宅、コミュニティバスなど）とソフト面（見守り支援、こどもの学習環境、ボランティアセンターなど）の両面から、被災者のＱＯＬ向上に寄与することを目標に進められました。

ハード面では、福島県土木部と連携等を図り、福島県内に設置された約一万七千戸の仮設住宅のうち約六千戸が県内の建設業者に発注されました。そのうち五千五百戸は木造型の仮設住宅です。地元の人材や資材を活かして木造仮設住宅を建設する方法は、「福島方式」として広くマスコミにも取り上げられました。地元企業への発注は、雇用を創出する点からも重要な取り組みであったと言えます。

一方、被災地では自治体が民間賃貸住宅を借り上げる「みなし仮設住宅」も急増しました。しかし、みなし仮設住宅は地域に点在しており、被災者が孤立する傾向にあるため、被災者全体の支援のネットワーク化という新たな課題も生まれました。

ソフト面では、被災者全体の総合支援の取り組みの一歩として、県内約二〇か所の仮設住宅団地に高齢者サポートセンターが設置されました。

本プロジェクトは、福島大学だけでなく他の大学、組織、企業と幅広く連携し、相互に協力しながら進められました。「福島型木造仮設住宅」の汎用化および仮設住宅の今後のあり方などについて調査研究を重ねるために、「福島県応急仮設住宅などの生活環境改善のための研究会」が構成されました。幅広い関係者を巻き込んだ実装によって、被災者のＱＯＬに配慮した仮設住宅は、これまでのプレハブ型仮設住宅には望めなかった生活空間を提供することになりました。多様でしかも時間を追って大きく変わる課題に取り組むための組織体制作りとして、関係機関を柔軟かつ効果的に巻き込むことは重要であったと言えます。こうした成果は、熊本など他の被災地にも活かされました。

プロジェクト終了後、住まいの再建だけでなくコミュニティの構築が大きな課題となる中で、実装活動チームは引き続き自治体の復興ビジョンや計画作りに貢献しています。

43 津波塩害農地復旧のための菜の花プロジェクト

［コメづくりに代わる希望の農業］

中井裕（東北大学大学院農学研究科教授）

東日本大震災の津波によって被害を受け、作付をあきらめた農家に対してナタネの作付けを勧めることで、農地の復旧と農業復興を目指したプロジェクトです。

実装組織メンバーは、津波で被害を受けた農地の広範な土壌分析を行い、東北大学が保有する遺伝資源の中から耐塩性アブラナ科作物七系統を選抜し、ヘドロの除去を行わなくても作付けできることを実証しました。

実装活動が受け容れられるよう、実装責任者自ら積極的に情報発信を行ったこともあり、食用菜の花や雪菜の出荷、半導体センサ塩分測定機器の開発といった、当初の目標を超えた成果につながりました。

農家を引きつけた理由の一つに、種子から食用、灯火用、燃料用油を得られるだけでなく、青物野菜として出荷できる点がありました。青物野菜の販売については多くの販売網からも協力が得られました。

実装組織メンバーの精力的な活動により、宮城県、仙台市、農業試験場、民間農地管理者などとの緊密な関係を構築しました。こうした大学外との連携によって、新たな農家や企業がこの活動に参加し、多分野ネットワークが形成されて実装の拡大を後押しし、松島・南相馬・三陸での菜の花プロジェクトの支援も行われました。

本プロジェクトには東北大学の学生も加わっており、科学を通じた社会貢献というプロボノ（Pro bono）のあり方を学生に示すことができ、東北復興農学センターの設置にも繋がりました。このセンターは、東北大学および他大学の学生、社会人を対象に、科学的視野を持ちながら災害復興や農業復興に対応できる人材の育成にも努めています。

春先に一面の黄色で彩られる菜の花畑の様子は、被災地に希望を灯す「復興のシンボル」としてメディアにも盛んに取り上げられ、複数の企業から援助の申し出もありました。

プロジェクト終了後、南相馬における原発二〇キロメートル圏内のナタネ栽培実験では、菜種油中に放射性物質が移行しないことを明らかにしています。

44［フィールドワークから生まれた土壌評価マップ］

震災地域の重金属等土壌汚染評価

土屋範芳（東北大学大学院環境科学研究科教授）

東日本大震災では、津波によって海から運ばれた大量の土砂やがれきの適切な処理は喫緊の課題でした。本プロジェクトでは、第一に環境基準値を上回る津波堆積物の適切な処分の方法を開発して提案すること、二つ目に海洋投棄の是非を判断し、盛り土などへの再利用、最終処分地への移動などを通じ安全・安心な土壌環境を整備することを目標としました。実装組織メンバーは、東日本大震災直後に岩手県から福島県に至る約二五〇キロメートルのエリアで津波堆積物の採取・成分調査を行い、ヒ素を中心とした重金属の含有量や溶出挙動を明らかにしました。また宮城県内の土壌三〇点を採取して、放射線計測を行いました。その結果、全調査地点の三分の一で、健康被害が懸念されるヒ素について環境基準を上回る溶出が確認され、復旧・復興の基礎データとして活用されました。

これらの結果を元に土壌評価リスクマップを作成し、津波堆積物のリスクに関する情報を開示しました。市民からのコンセンサスを得ることの難しさを考慮し、データのすべてを公開することはできませんでしたが、津波被害の直後に貴重な資料を収集し、迅速に分析処理を行い、歴史的な津波の評価方法を確立したことは大きな成果だと言えます。NPOや地方自治体からの反響は大きく、問合せに対し、実装責任者自ら真摯に対応しています。また津波堆積物からのヒ素および重金属類は、真水に比べて海水に溶け出しにくいことも明らかとなり、津波堆積物を海洋に戻す、あるいは護岸工事などの材料として再利用できる可能性を示唆することになりました。さらに津波被害の直後に貴重な試料を収集し、迅速に分析処理を行ったことにより、津波堆積物の地球化学的判別法が開発され、一般の堆積物と歴史的な津波による津波堆積物の識別が可能になりました。歴史的な津波を再評価することは、今後想定される津波の到達地点をより正確に把握し、安全なエリアを選定することにつながります。実装組織は、分析、調査、解析の専門家チームによって構成され、他の大学や行政からの協力も得て、各地の市町村と連携を図りました。なお本プロジェクトの成果は、47「津波堆積物の地球化学的判別による沿岸地域のリスク評価と社会的影響の予測」に引き継がれています。

45 大型マイクロバブル発生装置による閉鎖海域の蘇生と水産養殖の復興

［マイクロバブルがカキを救った］

大成博文
（徳山工業高等専門学校教授）

岩手県の大船渡湾内には、東日本大震災により、がれきの海中堆積、土砂堆積、汚濁物流入などが発生しました。本プロジェクトでは、無酸素水域をマイクロバブルの供給によって解消してヘドロ化している底質を改善し、藻場や生物の生息が可能な環境を実現することを目標としました。その上で最終的には土砂やがれきが堆積する困難な条件下でも海洋生物が活性化し、大船渡湾での水産養殖が可能な豊かな海を蘇生させることを目指すものです。

実装活動は、カキの養殖筏が津波ですべて流されてしまった大船渡市蛸ノ浦水域において、地元のカキ組合と協働で行われました。百四機の小型で軽量なマイクロバブル発生装置を開発し、大船渡湾に導入した結果、カキ養殖期間を従来の二分の一に短縮することが可能になりました。また、発生装置の導入から八か月後には、うまみ成分の増したバージンオイスターと呼ばれる無抱卵カキを誕生させています。震災によりたった一艘の小舟と電柱一本だけが残された大船渡の厳しい環境から成果を導き出した背景には、マイクロバブル・ユニットを省電力化・軽量化した実装責任者の熱意と努力がありました。

カキの加工設備の復旧が遅れていた大船渡地区では残念ながら出荷に至りませんでしたが、気仙沼地区ではカキ養殖業者が自己投資でマイクロバブルを設置し、出荷することができました。

実装組織には大船渡に近い一関工業高等専門学校をはじめ複数の高専が加わりました。これら高専間の強固な連携が実装活動の推進力となったことも、本プロジェクトの特徴です。また現地の水産業者との連携も順調に進み、共に実験に取り組む姿は地元の人たちに大きな信頼を与えました。

マイクロバブル技術は、二〇一二(平成二四年)に島根県隠岐の島海土町のカキ養殖業者に導入されたのをはじめ、大分県県南栽培漁業指導センターを通じて、佐伯のフグ養殖、津久見のヒラメ養殖、大分のドジョウ養殖業者などに試験的に導入されました。

この他、水産分野のみならず、食料・食品、医療・健康・福祉、農業、環境といった広範囲の分野において発展を見せました。

46［被災地のトイレ問題に取り組む］
無水屎尿分離トイレの導入による被災地の衛生対策と災害に強い都市基盤の整備

清水芳久（京都大学大学院工学研究科教授）

災害時に常に人々を悩ませるのが排せつに関する問題です。本プロジェクトでは、被災者の心情も考慮した快適なトイレの普及を早急に実現するために、水を使わずに大便を封じ込め屎尿分離できる、安全で安価な緊急用ポータブルトイレの作成を目指しました。

きめ細かい現地調査とニーズの把握によって既存の屎尿分離トイレの改善が進められ、実際に活用できるポータブル屎尿分離トイレ（仮設用）の改良と作成に至りました。仙台市、石巻市、気仙沼市、女川町、陸前高田市、大船渡市に五五〇個のポータブル屎尿分離トイレが配布され、使用状況を見ながら設計の変更を行い、平時・災害時に併用できるシステムを開発するなど実装活動は着実に進められていきました。さらに、これらのトイレを用いることで、災害に強く、経済的で環境にもやさしい下水道網と下水処理施設からなる下水道システムのフローを考案しています。

実装組織は、屎尿処理を専門とする環境工学の研究者、人間空間を専門とする建築学の研究者、災害廃棄物の専門家、災害支援ボランティアグループの代表など多様なメンバーにより構成されました。また活動を進める過程で、東北大学の研究員をメンバーに加えるなど柔軟に体制を構築していきました。

本プロジェクトは、「第十四回水大賞」において、「水循環の健全化を図る上で、活動内容が幅広くかつ社会的貢献度が高く、総合的見地から特に優れたもの」として、大賞（グランプリ）を受賞しています。水大賞の審査委員からは「都市直下型地震を見据え、こういったものは早急に用意しておく必要がある」と開発への期待が寄せられました。

プロジェクト終了後には民間会社の協力を得て、簡易型屎尿分離トイレの販売に向け、より組立が容易で簡単に送付できるよう改善が重ねられました。また国土交通省が進めるマンホールトイレ整備において、無水の屎尿分離型便器の設計を行っています。

国内での防災都市作りへの貢献だけでなく、海外の被災地、あるいは公衆衛生問題を抱える世界各地での果たすべき役割も大きいプロジェクトだと言えます。

47［今後の津波対策への指針を示す］

津波堆積物の地球化学的判別による沿岸地域のリスク評価と社会的影響の予測

土屋範芳（東北大学大学院環境科学研究科教授）

本プロジェクトは、44「震災地域の土壌汚染評価」を引き継いで実施されました。東北の被災地に残された津波堆積物の一部からは、ヒ素・重金属類が溶脱し移動することが明らかとなっていたことから、本プロジェクトでは、東北地方の被災地における汚染状況の解明と、安全性を評価して津波浸水域の正確な復元を行うことを目標としました。

一つ目は、津波堆積物、土壌、地下水、海水、および河川・河口底泥に含まれるヒ素、重金属類、放射性物質のリスク評価を行い、さらに、有害物質の移行や濃縮過程を把握するため、有害物質の水溶出挙動、および海水溶出挙動評価の標準手法を策定すること。もう一つは、東北地方および東海地方の地震想定域において、地球化学的判別法を用いて、過去の歴史的な津波を評価し、津波浸水の危険エリアマップを作成することです。その結果、津波堆積物の埋め立て廃棄基準が有効に適用され、岩手県と宮城県で二〇一四(平成二六)年度末には百パーセントの処理が終了しています。原発事故被害地域への立ち入りができないため福島県は四八パーセントにとどまりましたが、迅速な復興につなぐことができました。

また、従来の津波堆積物研究に、地球化学的な視点と環境科学的な社会実装の視点を組み込んだ新しい研究スキームを適用することによって、過去の津波浸水をより正確に識別できることが示されました。津波堆積物の地球化学的判別法は、ジオスライサー試料(全長二メートルの連続した土壌堆積物)の分析を含め、調査方法が簡便であり、普及に期待がかかります。

歴史的な津波の影響範囲の推定については、仙台湾および仙台平野において泥質堆積物による津波堆積物の新たな識別手法を開発しました。同手法は静岡平野および伊豆半島の津波堆積物にも適用されています。歴史記録の有無にかかわらず歴史的な津波の影響範囲を推定可能にしたことは、今後の津波対策への指針を与えるものとして大きな社会的意義を持ちます。

組織体制の面では、異分野の研究者と交流し、新しい学術領域の設定など組織を超えた共同研究体制を構築しています。また44「震災地域の土壌汚染評価」同様に、本プロジェクトの調査を東北大学の初年次教育プログラムに組み込み、多数の学生が研究に参加しました。

48 ［支援者のストレスに寄り添う］東日本大震災被災者と救援支援者における疲労の適正評価と疾病予防への支援

吉田俊子（宮城大学看護学部教授）

被災地では被災者はもとより、献身的に働く医療従事者や自治体の職員も日々ストレスにさらされています。本プロジェクトは、支援する側の健康管理の必要性に着目し、健康状態を客観的に把握することにより、過労死や突然死、うつ病、不安傷害などの疾病の発病を予防することを目的として行われました。実装組織には宮城大学の協力体制のもと、医師、看護師、保健師などの幅広い分野の専門家が参加しています。

疲労状態の評価は、問診に加え、自律神経機能の測定、睡眠覚醒リズム解析、採血による酸化ストレスと抗酸化力の三つの角度から実施されました。対象者の負担にならないよう、採血などは定期健康診断と連携して行う配慮が成されています。測定の結果、東日本大震災において甚大な被害を受けたA市職員三八四名のうち、約一割に酸化ストレス度の亢進が見られました。検査結果については、自己の疲労状態の理解と生活習慣改善につながるよう、結果の解釈とリラックス方法について説明会が開かれました。とりわけ酸化ストレス度の亢進は将来的に病的な疲労状態に陥る可能性が高いため、プロジェクト終了後も科学研究費補助金を受けて疲労調査活動を継続し、健康リスク群への働きかけが行われています。

被災地の自治体職員は、劣悪な環境下で常に心身の緊張を強いられオーバーワークになりがちです。加えて職員自身が被災者である場合は、その影響が相乗される懸念があります。そこで自治体職員を対象として、二〇一一(平成二三)年十二月から月二回程度、希望者に対し一人三〇分~一時間程度の健康相談を実施しました。担当者が被災地に出向き、会議室等プライバシーが確保できる場で行うもので、プロジェクト終了後も継続されました。また職員だけでなく被災者である市民を対象とした「疲労回復セミナー」も実施し、「疲労の評価と解消法」「血管ほぐし健康法」「暮らしの中のハーブとアロマ」「災害と健康と人の強さ」などの講演や実践を通じ、慢性的な疲労が致命的な疾患に移行するのを防ぐよう働きかけを行っています。

本プロジェクトで得た知見は、東日本大震災の被災地だけでなく、個々の地域や対象者に応じた疲労予防、疾病予防へと展開することが可能だと考えられます。

第 2 章

社会技術研究開発の
すすめ方

今そこにある課題

第1章で四八件の実施例をご覧になって、社会技術がどのようなものかお分かりいただけたでしょうか。プロジェクトの名称だけでは何を目的としているのか分からなかったかも知れませんが、解説をお読みいただいて納得されたと思います。取り上げられた課題は誰もが解決を望んでおり、解決されればインパクトが大きいと思っている、まさに、今そこにある課題です。〔図1〕をご覧ください。少子高齢化がさらに進行することによって生ずる課題と環境・エネルギー・資源・食料などにかかわる課題はすでに説明したとおりです。国民の安全・安心の確保にかかわる諸課題については近年重大な災害が続いて起こっており、災害の復旧・復興にかかわる課題とともに重要な分野です。社会的弱者の支援、健全なこども・青少年の育成も近年注目を浴びている大きな課題です。学術的な立場からの地方創成への貢献を積極的に提案する必要があると思います。日本のGDPの約二四パーセントを占める製造業を中心とした第二次産業の生産性は世界的に極めて高い水準にありますが、GDPの約七五パーセントを占めるサービス産業を中心とした第三次産業の生産性は低いといわれています。最近、年間二千万人を超える観光客が日本に来ていますが、二〇二〇(令和二)年のオリンピックをひかえてこの数字はもっと高くなることでしょう。これらの人たちが満足するサービスを提供することは、都市や

1	人口減少と高齢化がさらに進行する ことによって生ずる課題
2	環境・エネルギー・資源や食糧などにかかわる課題
3	都市や地方の創生にかかわる課題
4	国民の安全・安心にかかわる諸課題
5	社会的弱者の支援、健全なこども・青少年の育成にかかわる課題

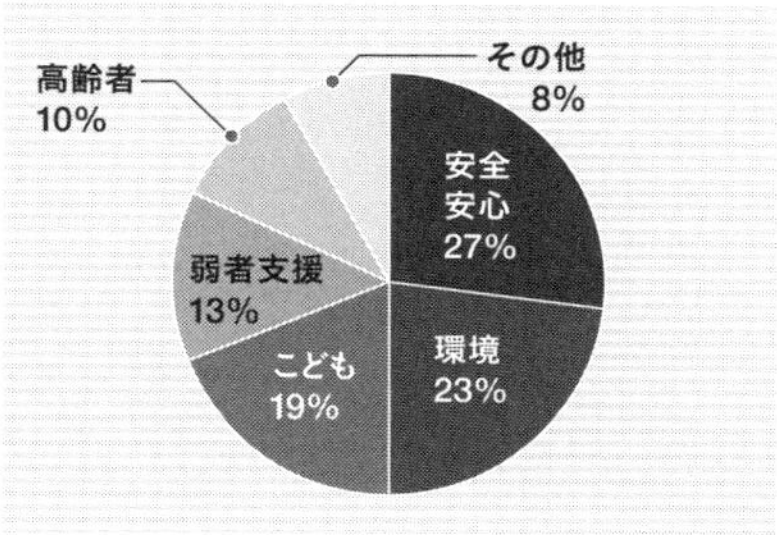

［図1］解決が望まれる分野の例
［図2］採択課題の分野別分類

地方の創成に大きく影響を与える社会的な課題ではないでしょうか。私たちがサービス科学と社会技術の関係に注目している理由はここにあります。41「旅行者と地域との共生に資する観光プランの作成支援技術の基盤化と社会実装」は、地方創成と観光の関係を探るパイロットプロジェクトとして試みたものです。

［図2］をご覧ください。取り上げられた課題の分野を見てみます。安全・安心の課題が二七パーセント、環境にかかわる課題が二三パーセント、こどもに関連する課題が十九パーセント、社会的弱者が十三パーセント、高齢者が十パーセント、その他が八パーセントとなっています。これも皆さんの実感と一致しているのではないでしょ

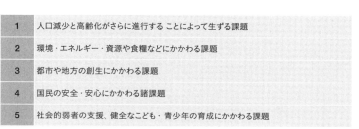

うか。

課題選択の留意点

今さら研究と開発の用語の定義を議論するつもりはありませんが、研究とは研究者が疑問に思ったことを追求し新しい事実や解釈を発見することによって疑問を解消する過程であり、開発とは自然や知識を利用して人や社会に有用なものを生み出す行為であると言えます。ですから、研究開発という以上は、それが社会のためであれ産業のためであれ、目的、予想効果、目的達成方法が明確に定められており、いつまでに利用可能となるのかという終了時期が示されていなければなりません。当たり前のことを言っているように思われるかも知れませんが、それがそうではないのです。[図3]を見てください。二〇一二(平成二四)年における研究開発成果実装支援プログラムに提案されたプロジェクトの不採択理由を分類したものです。開発未完が二五パーセントを占め、社会の人々との連携不足が約二〇パーセントですが、これ以外は、たとえば、目的も達成期限も示されておらず、類似の方法がすでに存在していたり、普及が困難と予測されるものがあるなど研究開発成果実装支援プログラムを研究の延長と考えているのではないかと思われます。最近はこのプログラムの趣旨が理解され、これほどではありませんが、社会技術研究開発はあくまでも社会に存在する課題をできるだけ早く解決して社会に届けることを目的にしています。このことを忘れないでいただきたい。

課題が具備すべき条件

さて、課題選択のポイントは何でしょうか。[図4]をご覧ください。すでにお話したように社会的にインパクトが大きい課題を選択することが何よりも大切です。研究が終了段階にあり、提案している方法以外に類似のものがないこと、または、他の方法に比較して優れていること、明確な実装計画があることが重要です。研究開発の成果を受け取る人々が特定されており、さらに、その人たちが研究に協力する意思があることが明確でなければなりません。すでにお話したように開発段階以降はいろいろな専門家の協力を受けなければなりません。プロ

開発未完	25%
社会の人々との連携不足	19%
社会技術としての目的不明	16%
類似技術あり	13%
普及段階	13%
終点不明	9%
普及性疑問	6%

[**図3**] 不採択理由

ジェクトの実装責任者はこれらの人々と協力できるように柔軟な組織体制を考えておく必要があります。このことはプロジェクトの成否にかかわる重要なことです。後ほど触れますがもう一つ重要なことがあります。それはプロジェクトを推進する研究者が、人や社会の行動規範の提示や公的制度設計への展開をはっきりと意識していることです。最後に、公的資金を使う研究開発ですから研究資金を管理する能力があることは言うまでもありません。

課題の発見——対象の観察と計測

課題を発見するには対象の観察が不可欠です。観察を続けていると対象の変化に規則性があることに気が付きます。この変化を注意深く計測していると対象の変化の法則を見つけるこ

1	社会的に解決が望まれており解決されればインパクトが大きい課題であること
2	研究開発が終了段階に到達していること
3	明確な実装計画を持っていること
4	社会技術の成果を受け取る人が実装を希望し協力の意思があること
5	多様な研究者・協力者を受け入れる柔軟な組織体制であること
6	人や社会の行動規範の提示や公的制度設計への展開が意識されていること
7	研究資金を管理する能力があること

［**図4**］プロジェクトの入り口

とができます。ガリレオが教会のシャンデリアの揺れを詳細に観察し、振り子の往復に要する時間を計測した結果、振り子の長さが同じなら大きく揺れても小さく揺れても往復にかかる時間は同じであるという振り子の等時性の法則を考え付いたというお話はあまりにも有名です。これに類似する例はいくらでもあります。たとえば、メンデルは緑色のまめと黄色のまめを交配させるとどんな色のまめがどのような比率で表れてくるかを詳細に観察して遺伝の法則を見つけました。ケプラーはティコ・ブラーエの観測した星の運動の膨大な記録を整理して惑星の運動が楕円軌道を描くことを発見しました。

このように、自然科学の法則の多くは深い観察と計測と洞察によって明らかにされてきました。この「見る」と「測る」は科学の原点だと思って差し支えありません。人文・社会科学でも観察と計測が研究の原点であることは変わらないと思います。アリストテレスだってプラトンだって、カール・マルクスだってアダム・スミスだって、じっと人や人の集団を観察した結果、人の行動原理や「こと」の生成消滅を洞察し後世に残る業績をあげたに違いありません。

ところで、自然科学では観察手段や計測に必要な道具類がそろっており、誰が観察しても、測っても同じ結果が得られる、つまり、客観的な情報が得られますが、社会技術では観察や計測の方法や手段を自ら考えださなければならないことが多いのです。これに成功すると研究開発は一気に進みます。注意しなければならないことは機器や装置の開発は課題解決の手段であって目的ではないことです。当たり前のことを言っているようですが、実は目的と手段の取り違えは多く、手段である観察道具類の開発がいつのまにか研究の目的になっていることがあります。注意しなければならないことです。

すぐれた道具を取り入れて目的を達成した例を四八件の事例の中から探してみましょう。01「e－ラーニングを核とする多様な学習困難に対応した地域単位の学習支援ネットワークの構築」、04「WEBを活用した園児総合支援システムの実装」、05「発達障害の子どもへの早期支援のための『気づき』・診断補助手法の実装」、13「油流出事故回収物の微生物分解処理の普及」、18「農作物の光害を防止できる通学路照明の社会実装」など、多数の例があることにご注目ください。具体的に知りたい方はRISTEXのホームページにアクセスしてください。ここには四八件すべての実装活動報告書、事後評価報告書、追跡調査報告書が記載されています。ぜひ参考にしてください。

対象の制御——課題解決案の提示

このように観察と計測に成功すると対象を制御する因子が分かってきます。たとえば、19「ドライバーの居眠り事故防止のための睡眠時無呼吸症スクリーニングの社会実装」を例にとってみましょう。バスの運転手の方々を観察した結果、肥満度を表す体格指数のBMI（Body

Mass Index）が高く肥満している人は、睡眠時無呼吸症になりやすく睡眠不足となりがちです。そのため居眠り運転の危険性が高くなることが分かりました。また、十分睡眠をとれば居眠り運転を回避できることも分かりました。この場合、肥満を防止すること、睡眠時間を十分とること、睡眠時無呼吸症を根治すること、いずれも居眠り運転防止の制御因子となります。12「津波災害総合シナリオ・シミュレータを活用した津波防災啓発活動の全国拠点整備」を見てみましょう。このプロジェクトは津波が地震発生後、どれくらいの時間でどこまで到達するかをシミュレーションで求め、津波から逃れる安全な逃げ道を選択することを明らかにしています。この場合、津波到達の時間と距離が安全な逃げ道選択の制御因子となります。このように観察、計測、制御を一体として社会の人々に示すことによって社会技術研究開発は完結することになります。そのような目で再度第1章をご覧いただくと、多くのプロジェクトで制御因子が明らかにされていることに気が付かれると思います。

研究成果の評価

●みんながよいと思うこと

観察、計測、制御がそろったら、次に準備しなければならないことは研究開発成果の評価基準です。産業のための研究開発では成果を評価する基準は経済価値です。製造コストが安くなる、高い価格で売れる、どれくらいの利益が得られるなど、客観的な経済価値であるお金で表すことができる評価基準があります。それに比較して社会のための研究開発ではお金のように誰でも納得できる客観的で定量的な価値基準がありません。社会のための研究開発は現在の社会の仕組みをよりよいものに変えることを目的にしていますので、何がどれくらいよくなったかが定量的に評価できなくても、みんながよくなったと実感すればよいことになります。みんながそう思うということは客観的と同義ですから、「何をどれくらいよくするか」と「みんながそう思うか」ということが重要なのです。この二つについて社会の人々と事前に合意しておかなければなりません。

●話の筋が通っていること

企業の現場のボスは経験豊富です。研究者がやってきて新しい作業の提案をしても、自分の経験に照らして納得できなければ受け入れません。こんな頑固なボスでも、理屈の通る説明を受けると納得するものです。多少理屈っぽく言えば、まず話の筋道が通っていて論理性があるから誰でも分かり、誰が見ても聞いてもそうだと思う、客観性があるから誰でも納得し、誰でも分かり納得するから、すべての場合に当てはまる普遍性を持っていることになります。科学的正当性とはこの論理性、客観性、普遍性の三つがそろっているということだと思ってよいでしょう。このことは第十八期日本学術会議副会長を務められた吉田民人さんから教えていただきました。社会技術にとって論理的であり客観的であるということは分かりますが、普遍的であるということは成立しにくいのです。なぜなら、社会とひとくちに言っても、個別の社会はそれぞれ独立した固有の特性をもっており歴史的な背景も異なっています。これを十把一絡げに社会技術の対象として括ってしまうのは危ういと思います。この難しさを四八件の事例ではどう回避したのかを見てみましょう。うまくいったものもあれば難しかったものもあります。

●評価基準の設定例［1］

四八件の例でも見られますが、多くのプロジェクトがこの評価基準を事前に決めて活動を開始しています。たとえば、11「効率的で効果的な救急搬送システム構築」では救える命は救うを基準としており、救急搬送車の運営基準もきっちりと整備されています。このシステムは実によくできており、救急患者になるなら横浜でと思うくらいです。ところが採用しているのは横浜市のみで全国に普及していません。なぜ全国に普及しないのでしょうか。たとえば、市の体制が整わない、予算が不足している、医療施設と自治体の救急組織の連携が取れないなど、いろいろな理由が考えられます。おそらく導入を難しくしている大きな要因は、費用対効果比が小さいと感じている自治体が少なくないということではないかと推測されます。つまり、論理性も客観性もあるけれど、自治体固有の事情に合致しないから全国に普及せず普遍性に乏しいということになります。横浜のプロジェクトは行政の必要性と横浜市立大学の研究成果がぴったりと合致し、大学と行政の間で評価基準が事前に設定されていたことが成功の秘訣になっているといってよいでしょう。

●評価基準の設定例［2］

他の例を見てみましょう。01「e－ラーニングを核とする多様な学習困難に対応した地域単位の学習支援ネットワークの構築」、02「発達障害の子どもと家族への早期支援システムの社会実装」、05「発達障害の子どもへの早期支援のための『気づき』・診断補助手法の実装」、06「学校等における犯罪の加害・被害防止のための対人関係能力育成プログラム実装」、07「発達障害者の特性別評価法（MSPA）の医療・教育・社会現場への普及と活用」、09「機能的近赤外分光分析診断法による注意欠如・多動症児支援システムの実装」、これらはいずれもこどもの発達障害に関連する例です。乳児から低学年児までのこどもの発達障害をできるだけ早く発見すること、訓練によって障害をできるだけ軽減することを基準として、発見と訓練の方法を組み合わせたシステムです。これらはいずれも予想を超える成果を上げており、実際に適用されています。たとえば、05は大阪府のモデル事業として推進されています。この成功の秘訣は事前に評価基準を決めておいたからです。

発見の手段として道具の開発が重要であることはすでにお話しましたが、適切な例として、右記05の診断補助装置「GazeFinder®」と、27「脳活動画像化装置による認知症予防プログラムの社会実装」の脳活動画像化装置NATを紹介しておきます。GazeFinder®は発達障害児の早期発見と治療訓練に、NATは認知症が疑われる方の発見と進行防止訓練の導入に適用され実効を上げています。GazeFinder®やNATの詳細については、RISTEXのホームページにアクセスしてください。

標準化の意味

このように観察方法、観察結果の定量化方法、対象の制御方法、研究成果の評価基準が決まれば、研究開発のすすめ方を標準化することができます。この標準的手続きに沿って研究開発が進んでいけば分かりやすく、したがって、普及が確実と思われる成果に結びつくことは間違いないでしょう。単純に考えれば、人が行動する時には必ず目的があり、目的が達成されることによって得られる効果の予測があり、そして、最後に目的達成のための方法があります。この目的、効果、方法がそろっていない行動はないといっても言い過ぎではないでしょう。言い換えれば、この考え方は普遍性のある研究開発の方法論だと思います。

では、標準化の意味は単に行動の手続きを統一することだけなのでしょうか。分かりやすい例を産業界で見つけることができます。産業のための技術は必ずしもすべてが、経済価値に換算できるものばかりで構成されていません。たとえば、使いやすさとか優れた意匠とか経済的に評価できないものもあります。今まで存在しなかったような新規の商品ではその価値をどう評価していいのか分からないのです。その意味では社会技術に似ていると言えましょう。そこで、価値の評価は市場に委ねます。売れる製品が価値のある製品なのです。たとえば、ある企業が市場に強いインパクトを与えるような新しい技術、あるいは製品を完成したとします。技術の進歩は早いのでもっと優れた類似の技術や商品が生まれてくるかもしれません。そこで技術が完成し市場評価が確認されると、いち早くその技術と商品を一つのパッケージとしてまとめ、知的所有権で武装し後発の企業に負けないように事実上の世界標準、つまりデファクトスタンダード（de facto standard）として市場を囲い込みます。ＯＳやオフィスソフトの開発によって、パソコン市場の支配に成功したマイクロソフトのビル・ゲイツは億万長者になりました。

最近の例ではＩＴ業界の四巨人、グーグル（Google）、アップル（Apple）、フェイスブック（Facebook）、アマゾン（Amazon）の頭文字をとったＧＡＦＡ（ガーファ）による囲い込みがすさまじいことになっています。この四社に映像配信を専門とするネットフリックス（Netflix）を加えてＦＡＡＮＧと呼ぶこともあるようです。グーグルは検索エンジンアプリであるグーグルサーチとインターネット閲覧アプリであるグーグルクロームをあらかじめスマホに搭載することを強要して他のアプリを自由に使用することを妨害したと言われています。この行為がEUの独占禁止法に触れるという理由で欧州委員会から、なんと、五七〇〇億円の制裁金を要求されています。このアプリのいずれもがデファクトスタンダードなのです。事実上の標準を勝ち取ることがいかに重要であるかをお分かりいただけたと思います。さて、社会技術ではデファクトスタンダードの獲得がどのような意味を持っているでしょうか。

社会技術におけるデファクトスタンダード

社会技術でもこの手法を採用しデファクトスタンダードを構築することは可能です。たとえば、法の改正を促した、新しい行動指針を導入した、関連のある組織や人々が標準的な方法として採用したなどを、価値基準とするという考えです。ここで重要なことは価値基準の科学的根拠です。先ほどの「話の筋が通っていること」の項で説明したように価値基準に論理性、客観性、普遍性がそろっているなら科学的に正当であると評価してもいいでしょう。この格好の事例として、17「首都直下地震に対応できる『被災者台帳を用いた生活再建支援システム』の実装」と、04「WEBを活用した園児総合支援システムの実装」を再度眺めて見ましょう。

●標準化の例［1］――17「首都直下地震に対応できる『被災者台帳を用いた生活再建支援システム』の実装」

このプロジェクトは二〇〇七（平成十九）年に発生した新潟県中越沖地震における柏崎市の罹災証明発給の業務実態を解明したことに端を発しています。罹災証明書は被災者の生活再建に不可欠であり、できるだけ早く発行することが望ましいのですが、この発給業務が大変なのです。詳しくは報告書を参照いただくとして、要約しますと左記のようになります。

罹災証明書の発行や義援金給付のために災害によって壊れた家屋の被害認定が不可欠です。被害認定調査は各自治体の職員が実施することになっています。ところが、認定基準が各市町村で必ずしも同一でないために調査結果のばらつきが生じたこと、罹災証明書発行までに多くの時間が必要とされ急を要する生活再建に支障をきたしたことなどの問題が明らかになってきました。これを解決するために自治体のニーズに応じた防災対応システムの構築、被害認定基準の標準化、罹災証明書発行のための対応フローの共通化、被害認定の調査方法や証明書の発行手順の標準化などによって、生活再建支援に関する手続きが迅速かつ公正に実施される体制が準備されました。このようにすべての業務に論理性、客観性、普遍性を持ち込んだのです。特にすぐれていたことは、主観的な要素の入りやすい被害認定基準を市町村共通になるよう統一したことです。具体的には、市町村の担当部局の職員が集まって実際に破損した家屋を見ながら認定基準をすり合わせたのです。これによって客観性のある判定を行うことが可能となりました。さらに、罹災証明発行手続きを無理に統一するのではなく、それぞれの市町村の特性に合わせて弾力的に運営することにしたのも効果的でした。

この方式は首都直下地震に対応することを目的としていましたが、二〇一一（平成二三）年の東日本大震災、二〇一二（平成二四）年の京都南部豪雨水害（宇治市）、二〇一三年（平成二五）の東京都豊島区大雨災害、二〇一三（平成二五）年の京都市の台風十八号による被害、二〇一六（平成二八）年の熊本地震など多くの災害に適用され、すでに複数の自治体が本方式を導入しています。試験的に実施した自治体における評価も高いことから、本方式が全国規模で普及する可能性はきわめて高いと予想されます。このシステムは二〇一四（平成二六）年十一月に「被災者生活再建支援システム」としてグッドデザイン賞を受賞し、本システムを利用した被災者生活再建への支援の重要性が認められました。

●標準化の例［2］——04「WEBを活用した園児総合支援システムの実装」

今まで全国の保育機関において収集される各種の情報は保育施設固有のノウハウにとどまっており相互利用されることはなく、これらの情報に基づく各種の対策はそれぞれの保育機関独自の方法として利用されていました。情報が多数集まると、次第に客観化され、論理化され、普遍化され、標準化されてくるものですが、情報が個別の機関にとどまっている限り全国の施設で有効活用できるように整備されることはありません。このような現状を打破し、プロジェクトに参加した施設の保護者や保育専門職が相互に情報交流できるツールを創出することによって、保育の質を向上し、各保育機関における実践的な取組みができるようにしました。その結果、保育情報が全国規模で広がりを見せ、園児総合支援システムの質の向上をもたらしたのです。保育の現場からは内容の適切さ、わかりやすさ、システムの柔軟性、安価なコスト等が評価されていますが、とりわけ、こどもの発達に関する「気づき」を促す効果があり利用価値が高いという反響が寄せられています。

このシステムに参加している保育機関は現在、日本国内で約百になっており、保育の現場ですでに重要な役割を担っています。また、よりよい保育実践の在り方を目指して自律的な支援ループが確立し始めました。さらに、早期の支援が必要とされるこどもや保護者を対象とした、きめ細かな観察システムとして活用していくための方法が検討されています。全国夜間保育連盟のバックアップのもとに保育パワーアップWEB研究会の活動と連携することによって、本システムは広く認知されつつあります。さらに、多くのユーザーを獲得できるよう、専門分野の枠を超えた広報活動が広がっています。なお、このシステムは海外の施設も強い興味を持ちはじめ、現在海外では約百五〇の保育機関が利用しており、国際的な展開が進みつつあります。

●ケーススタディから得られた教訓

標準化の例［1］は、自治体ごとに差がある罹災証明の発給業務を標準化して被災者の生活再建が速く、かつ公正に行われるようにしたこと、標準化の例［2］は保育施設ごとに異なる園児支援の方法を標準化して園児の総合支援システムを完成し、さらに各施設が独自に得た新しい仕組みを随時追加してシステムを発展できるようにしたことが特徴です。このいずれも実際に適用されており、自治体の担当部局の職員や施設の保母さんたちによって評価され、デファクトスタンダードとして普及が始まりつつあります。産業におけるデファクトスタンダードの獲得は利益の独占にありましたが、社会技術におけるデファクトスタンダードの獲得は成果の普及にあります。ただし［2］ではシステムが自律的に進歩、発展する仕組みを内包していることは好ましいのですが、好ましくない仕組みが侵入することのないようにシステム管理者の監視が必要であると思われます。

人々の行動基準を変えることの難しさ

●社会の変化、市民の問題意識、法的規制の関係

「はじめに」でお話したとおり、今日のように人のこころや社会の変化が速くなり多様化した時代では、次々と起こってくる「できごと」を従来の法制度や慣習で運用することが難しくなってきました。分かりやすい例ですが、スマホ片手に歩いていて人にぶつかり、相手にけがをさせる危険な行動は一昔前にはあり得ないことでした。このような行為が危険であると気が付き、なんらかの規制をしてほしいという市民の要求が、たとえば、歩きスマホ禁止条例となるまでに時間がかかることは皆さんよく分かっておられる。このような例はいくらでもあります。第3章で詳しく考えてみますが、社会環境の変化が市民にどのような影響をもたらすかは現時点ではよく分からない。たとえば、水俣病や四日市喘息は水銀やばい煙が有害であることに気付くのが遅れ、さらに法的な対応が遅れたために被害が拡がり救済が遅れたと言えます。国が定めた法律や規制などの拘束的な取り決めを制定するのは容易ではありません。立法内容について慎重に検討を重ね、さらに、立法機関で審議を重ねなければなりません。これでは時間がかかって市民の要求に応えられません。

この関係を示したのが［図5］です。この図は外部環境の変化に伴う社会の変化、法的な規制、市民の問題意識の三者の関係を示しています。理想的にはこの三者の変化への対応は等しくなければなりません。ところが外部環境の変化に伴って社会はどんどん変わり、この変化を追いかけて市民の問題意識も変化しますが、Aで示したように市民の気が付かない領域もあれば、Bで示すように法的な規制が遅れている分野もあります。

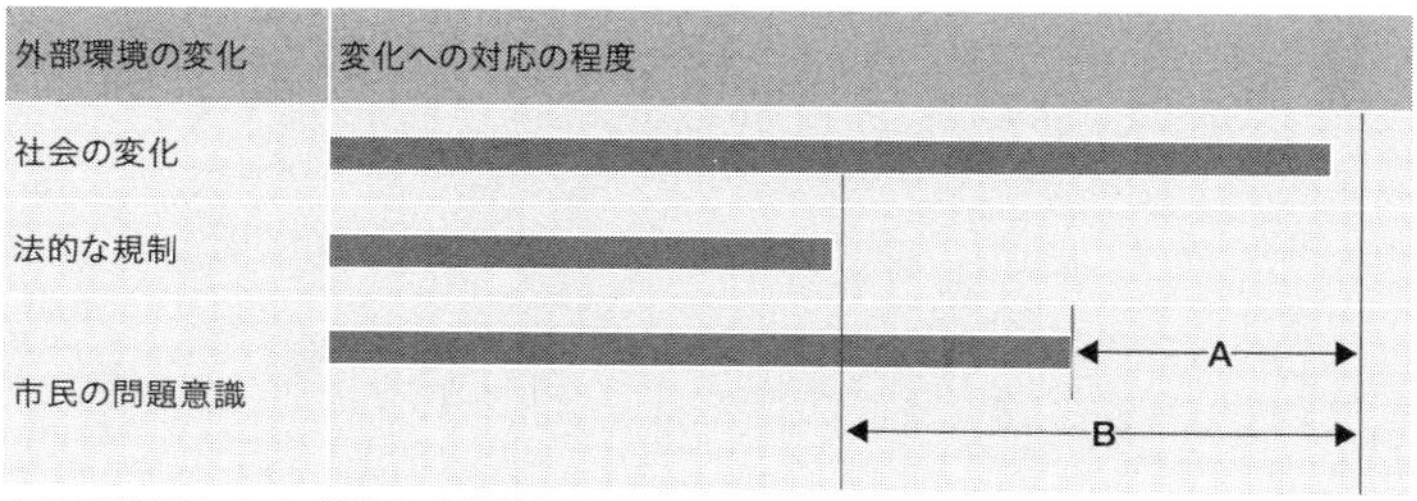

A：市民が気が付いていない領域、B：法的規制が遅れている領域

［**図5**］外部環境の変化に伴う社会、法的な規制、市民の問題意識の関係

●非拘束的な合意

そこで第一に、研究者は漠然と認識され始めた市民の懸念やまだ感知されていない潜在的脅威を解決する研究開発成果をまとめ、社会や市民に対して警鐘を鳴らさなければなりません。一九六二（昭和三七）年に『沈黙の春』という本を書いて殺虫剤や農薬の散布が自然環境を破壊し人々に悪影響を及ぼすという警鐘を鳴らしたレイチェル・カーソンをご存知でしょうか。彼女はアメリカの海洋生物学者でしたが、彼女の書いたこの一冊の本によって環境に対する問題意識が国際的に高まったのです。研究者の社会問題に対する役割はこれほど大きいものです。そして第二に、研究者は研究開発成果の有効性を社会実装によって実証

し、市民に行動規範を提示する役割があります。実証の結果は社会の人々をはじめ関係のある行政機関や各種学協会の専門委員会の人々（ステークホルダー、または関与者と言われています）によって検討され、社会における行動の規範として採用してもよいと判断されると暫定基準、指導方針、行動指標、ガイドラインなどの非拘束的合意として社会の中に取り込まれることになります。このような非拘束的合意のことをソフトローと言っています。

●実装支援の目標

ソフトローは一定期間を経過した後に、拘束的かつ永続的な基準として認められると判断されれば法、つまりハードローに移行し、まだ不十分と判断されれば暫定基準や社会的約束などとして残されることになります。このことから分かるように社会技術研究開発の目標は新しい社会的合意を形成することであり、その目標を達成したかどうかが評価基準であるということになります。この目標を達成するためには研究の最初から関与者を研究開発のメンバーに組み込んでおいた方が望ましいし、この人たちからの客観的な提案や評価を期待することができます。重要なことはこの人たちが規範作りにも協力してくれることです。このように関与者を研究者化することができるかどうかが、プロジェクト成功の鍵になるのです。研究開発の成果がステークホルダーによってよいと認められ、事実上の行動規範として利用されなければせっか

移管先	比率（％）
政府機関による採択	9
地方自治体などによる採択	50
民間団体・企業などへの移管	15
NPO法人などへの移管	3
普及活動の継続	24

［図6］プロジェクトの出口

くの成果が普及しません。

●四八件のプロジェクトはどうだったか

ここでプロジェクト終了後の行く先を見てみましょう。［図6］をご覧ください。約六割が公的機関で採用されていることは、このプロジェクトの成果が事実上の標準となり、ソフトロー化していることを裏書きしています。たとえば、12「津波災害総合シナリオ・シミュレータを活用した津波防災啓発活動の全国拠点整備」は、東日本大震災で「釜石の奇跡」といわれるほどの効果を発揮し、単に津波にとどまらず多くの自然災害に対するハザードマップ作りが全国展開される先駆けとなっています。17「首都直下地震に対応できる『被災者台帳を用いた生活再建支援システム』の実装」は、すでに標準化の例で紹介したとおりです。33「サハリン沖石油・天然ガス生産に備える市民協働による油汚染防除体制の構築」では、市民による汚染防除体制のガイドラインを提示しています。44「震災地域の重金属等土壌汚染評価」は土壌に含まれるヒ素、重金属類、放射性物質のリスク評価を行い、津波堆積物の処理基準を制定しました。一方、二四パーセントが普及先を求めて探索中であることは反省材料です。どのような要件が欠けていたために普及が困難になったのかを追求し、今後の教訓にしなければならないと思います。その要件は一体何だったのでしょうか。課題の同定に見過ごしがあったのでしょうか、それとも、プロジェクト推進に何か間違いがあったのでしょうか。

企業の作業者も社会の人も保守的

課題を同定するときに、まず市民の意見を十分に聞いて何が問題であり、それをどうしたいのかを十分に理解したでしょうか。ここにうまくいかなかった理由の一つがあるように思われます。製造現場における経験ですが、作業者に仕事のやり方の変更を要求すると抵抗にあいます。作業者は、まず拒否的に動きます。作業者は今までのやり方がいいと信じており、このままではだめだと自覚しない限り積極的に新しいものを受け入れ、現状を変更しようとしません。そこで、作業者に新しい方法がうまくいくよ、と実演して見せて今までよりよさそうだと思ってもらう。そうすると、やってみようかという気になります。やってみていい方法だと納得すれば、初めて受け入れてみようかと思い始め、やってみた結果、こうすればもっとよくなる、と思えば新しい方法を提案するようになります。この段階で初めて新しい仕事のやり方の導入に成功したことになるのです。英語でいえば、repulsive、defensive、acceptive、active、anticipativeの連鎖ということになるのでしょうか。これは経験的にも間違いありません。

作業者の心理を市民の心理に置き換えても間違いないでしょう。社会技術の場合も産業技術の場合と全く同様で、最初から社会の人々にプロジェクトに参加してもらわなければならないのです。03「家庭内児童虐待防止に向けたヒューマン・サービスの社会実装」では児童相談所の職員に対する講習のみではなく、暴力をふるう父親を集めた「男親塾」という活動を展開し、なぜ私は家庭内暴力をふるうのだろう、という当事者の「語り」を交換し合って家族機能の再生に効果を発揮しています。07「発達障害者の特性別評価法（MSPA）の医療・教育・社会現場への普及と活用」では、全地域から集まった千人を超える関係者に対して講習会を行い、理解を深めてもらっています。たびたび出てきますが、12「津波災害総合シナリオ・シミュレータを活用した津波防災啓発活動の全国拠点整備」では、小中学校の生徒全員に加えて教員、市民を巻き込んだ避難訓練を、まるで遊び感覚で繰り返し実施しました。その結果は「釜石の奇跡」として報道された通りです。20「高層ビル耐震診断に基づく帰宅困難者行動支援システムの社会実装」

では、新宿西地区のオフィスに勤務される人々が工学院大学の一階フロアに入りきれないほど集まりました。37「分散型エネルギーの利用促進と農山村地域環境ビジネスの創出」では、集落の人たち全員が参加し、その集落における、あたかもお祭りのような「できごと」としてプロジェクトを展開しました。これらの例でお分かりのとおり、プロジェクトの導入から定着までの時間を短縮しようとすれば、プロジェクトの全期間を通して社会の人々全員の理解を深め、プロジェクトに参加したすべての人が伝道者となって、普及に尽力してくれるようになればプロジェクトの成功は間違いありません。逆に言えば市民が参画する機会の少ない方法ではまず成功はおぼつかないと言えます。

課題同定に必要な社会との対話

●真のニーズを見抜く

研究開発の成果を確実に社会に届けるには市民との対話がなくてはならないと繰り返しお話ししました。ところで、研究者の陥りやすい落とし穴は、研究者の考えていることとイコール社会のニーズであると決め込んでしまうことです。これとは全く逆に社会の人々の言い分をそのまま社会の要求であると信じ込んでしまうこともあります。産業における経験では解決すべき課題を持つ人（ニーズを持つ産業界の人）と課題解決手段を持つ人（シーズを持つ大学研究者）を直接結びつけるニーズ・シーズ直結型モデルは意外に失敗例が多いのです。この点については第3章の技術移転の項でもう少し詳しくお話しします。

一九九〇年代の新素材開発が華やかであった時代、大学の研究室からいきなりマーケットに飛び出して、あえなく討ち死にした例は枚挙にいとまがありません。その理由は研究室−市場直結モデルには課題の妥当性を疑う過程が存在しないからです。もう少し詳しく言えば、市場の課題を解決するには私の研究室における成果以外にはないという信仰です。信仰ですから誰から何を言われようと聞く耳がない。私はこれを、「私が最高症候群（I am the best syndrome）」と名付けています。ところが、よくよく考えてみると他にも方法があるかもしれない。解決すべき課題は人々を取り巻く環境条件によって変わりますし、表面からは見えず人々の意識の底に眠っていることもあります。目に見える顕在的な課題は誰にでも分かるのですが目に見えない潜在的な課題の発見こそが重要なのです。消費者を神様と信じた日本型ビジネスモデルは日本では通用しても世界市場では通用しないという「商品のガラパゴス化」を招きました。一方、消費者の表面的な見せかけの欲求に迷わされず人々の意識の底に眠っていた欲望（dormant desire）を見抜き、覚醒させたスティーブ・ジョブズは、iPhoneという大ヒット商品を生み出したのです。真のニーズを見誤るという過ちを繰り返さないために、社会の人々と研究者の徹底した対話を通して真の課題を同定しなければなりません。対話の過程で社会の人々も課題解決のための強力な共同研究者に変貌します。このことについては第3章でもう一度議論します。

●社会技術市場を支配する要件

研究室‐市場直結型モデルの成功例も紹介しておかなくてはなりません。バイオや薬品関係分野に成功例があります。バイオが注目を集め始めた一九八〇年代、この分野は市場が成熟していませんでした。研究者が研究から市場開発まで実行せざるを得なかったのです。これが成功の理由だと言えます。社会技術分野は産業技術のような市場がありません。うまく市場形成に成功すれば研究室と現場の直結モデルが成功します。澤田康文さんが主導された14「投薬ミス・薬害防止のための、臨床事例を中核とした医療従事者向け情報交換・研修システムの実装」がいい例だと思います。アイフィス（i-PHISS）と名付けた薬剤師間情報交換・研修システムに一万五千名をこえる薬剤師の皆さんが登録しており、完全に自立的な活動が展開されています。41「旅行者と地域との共生に資する観光プランの作成支援技術の基盤化と社会実装」も面白い例です。スマホやタブレットを利用して、観光客とホテルのコンシェルジュが対話しつつ観光計画を作成していく方法ですが、実装責任者の指導の下に神戸市の有名ホテルのコンシェルジュが、観光客がうまく言葉で表現できない意図を目に見えるようにする観光計画作りに取り組んでいます。これは単なる観光案内とは異なり、観光客の潜在意識を覚醒させる観光プラン作り、という新しいマーケットを形成することになるでしょう。

これらの例でお分かりのとおり、独占市場を形成するには今まで存在しなかった「もの」、あるいは「こと」を開発するか、新しい価値を付けた「もの」、あるいは「こと」の開発によって、既存のマーケットを分割するしか方法がありません。これによって世界標準の作成者になることができます。社会技術は新しい学術分野ですから競争者が少ない。世界標準を形成して学術という名の市場を独占することはそれほど困難ではありません。事実、安梅勅江さん主導の園児総合支援システム（ＨＯＰ）は海外に普及し始めています。このように日本で成功して世界に発信していく可能性は大きいのです。

研究者と社会をどのように結び付けるか

●仲介者の役割

研究開発課題の同定や推進に社会の人々との対話が必要不可欠であると繰り返しお話ししましたが、具体的に市民との対話をどのように進めたらいいのでしょうか。不特定多数の市民に語りかけるのは大変難しい。シンポジウムや講習会などいろいろ方法はありますが、いずれも市民の代表的な意見なり考え方なりを聞き取るには不十分でしょう。

市民と（大学の）研究者を結び付けるいい方法は、課題に関心を持っている機関の人を利用することでしょう。［図７］をご覧ください。これらの機関・組織に所属する人は問題意識を持って市民と接触しています。特に地域の組合や自治会の方は現場の課題や市民の空気を知っている。面白い経験があります。18「農作物の光害を防止できる通学路照明の社会実装」で現地を訪問した時のことです。街灯を蛍光灯からＬＥＤに変えるという議論があった時に「ＬＥＤの価格が高い」という意見が多かったのです。ところが自治会の会長さんは蛍光灯は寿命が短く取り換える時、高所作業なので工事費が高くなる。これを考慮すると「ＬＥＤは高くない」と言われる。つまり、設置する時のコストではなく使用する全期間をとおしたコスト、ライフサイクルコストで考えるべきであると言っておられるのです。考え方が観念的ではなく現場的なのです。このような人を味方につけない理由はない。また行政機関に所属する人々と連携しておくと、研究開発成果を暫定基準にする時に強力な援護者になってくれます。

仲介者は開発の成果を確実に社会に届けるために必要であり、開発成果を標準化するためにも不可欠な存在です。また、仲介者をとおして研究開発に関係する人たちとプロジェクト発足以前から連携し、プロジェクトの内容についても事前に理解を深めておくとプロジェクトを支障なく進めることができます。このように仲介者は研究者と社会の人々をつなぐ貴重な役割を担ってくれるのです。

研究者	仲介役としての関連機関	社会
研究者 研究協力者A 研究協力者B 研究協力者C	行政機関、教育・保育機関 医療・介護機関 地域の組合・自治会 企業・NPO法人	社会の人々

［**図7**］研究者と社会を結び付ける仲介者
註：研究協力者とは研究者とは異なる組織に所属し研究者に協力する人

●研究協力者の役割

研究協力者についても同様なことが言えます。研究協力者と情報の共有化をはかり相互理解を深めておけば、いつでもプロジェクトの責任者の地位を譲ることができる、そのような人を研究協力者として選択しておくことが重要なのです。多くのプロジェクトで研究協力者に大学院の院生をはじめ若い研究者が起用されていました。また、責任者と異なる大学から起用された人たちもいて、プロジェクトの成果を論文にまとめて学会誌に投稿する、学会で発表するなどが積極的に行われています。このように実装活動プロジェクトは研究者の育成にも貢献しています。

●現場の人は臨床の達人

最後に注意点を一つ。多くの人はいわゆる「上から目線」に違和感を持ちがちです。研究者が現場の人々とお話をする時は、相手も臨床の達人であるという敬意をもって接したいものです。教えてやる的接し方は、最低の結果しかもたらしません。留意しなければならないところです。ついでにもう一つ、研究者特有の言葉と言葉使いは要注意です。なにしろ、社会技術の推進には相互理解と目的意識の共有が大前提ですから、皆さんに分かる言葉、研究語ではなく社会語で話し合わなくてはなりません。幸いなことに四八件を推進していただいた諸先生は全員分かりやすい言葉でお話をしていただきました。この場を借りて感謝いたします。

改革の発信は研究者から

四八件の実施例から学んだことをまとめてみましたが、研究開発のすすめ方は社会のための技術であれ、産業のための技術であれ、基本的には同じであることを理解していただけたと思います。ただし、両者には一つ大きな違いがあります。それは現状を変えようとする力が外部から働くか、内部から働くかです。すでにお話したように社会の人々も企業で働いている人々も現状の変更には保守的ですが、企業では常に現状を変革していかないと競争に生き残れないという危機感にさらされています。ですから、現状の破壊は必ず内部から起こります。社会技術の場合は社会の人々がこのままではだめだ、何かを変えなければ私たちの住む社会は崩壊してしまうという恐怖感にさらされない限り、市民の力による内部からの改革を期待することは難しいでしょう。［図5］で外部環境の変化に対して市民の対応や法的な規制に遅れが生じていると指摘し、社会技術研究開発の目標はこの遅れを是正した新しい行動規範を作ることであるとお話しました。企業の場合は企業内に研究や調査の機能を持っており危機に対する対策を立てることが可能ですが、社会にはこのような役割を担う人はいません。ですから、この遅れに警告を発して市民の問題意識を喚起すること、言い換えれば、研究者が企業の研究所や調査機能の肩代わりをするという重大な役割を担っていることを自覚しなければならないのです。四八件のプロジェクトが社会や市民への警鐘になっていたことは言うまでもありません。

以上、経験から学んだ社会技術研究開発のすすめ方についてお話しましたが、次に得られた経験を一般化して社会技術研究開発の考え方を議論してみます。

第 3 章

社会技術研究開発の考え方

社会技術を研究する人のミッション（使命）

●社会技術研究開発の開始点

社会技術研究開発は何から始まり、何で終わるのでしょうか。このサイクルを［図8］に示します。社会や市民の諸活動は図の上に書いてあるように法律のような公的規制から始まり、ゴミ出しの決まりごとか村祭りの手伝いとか、いろいろな規則、約束ごと、あるいは村の掟のような古くからの伝統や慣習に至るまで、実に多くの行動規範によって拘束されています。この行動規範は図の右に示したように社会の人々を取り巻く外部環境の変化によって影響を受けます。この変化が社会や市民に及ぼす影響への対応を考えることが、研究者の使命であり研究開発の始点となります。変化が一過性のものか本質的なものか、変化に対する最も適切な対策は何かなどを確認するための時間が必要ですが、公的な規則の制定は原因と結果の論理的・科学的な解明や利害関係の調整などが必要であり、相当の時間が必要となります。社会の諸現象の変化に適応する公的施策の遅れは今に始まったことではありません。百年以上も前の一八九〇年代に問題となった足尾銅山の有毒ガスや排水による公害、古くからあった差別にかかわる問題、障害のある人の活動支援などの例を指摘しておきましょう。

ところで、この図の社会や市民の諸活動を生産と市場の諸活動に置き換えれば、産業のため

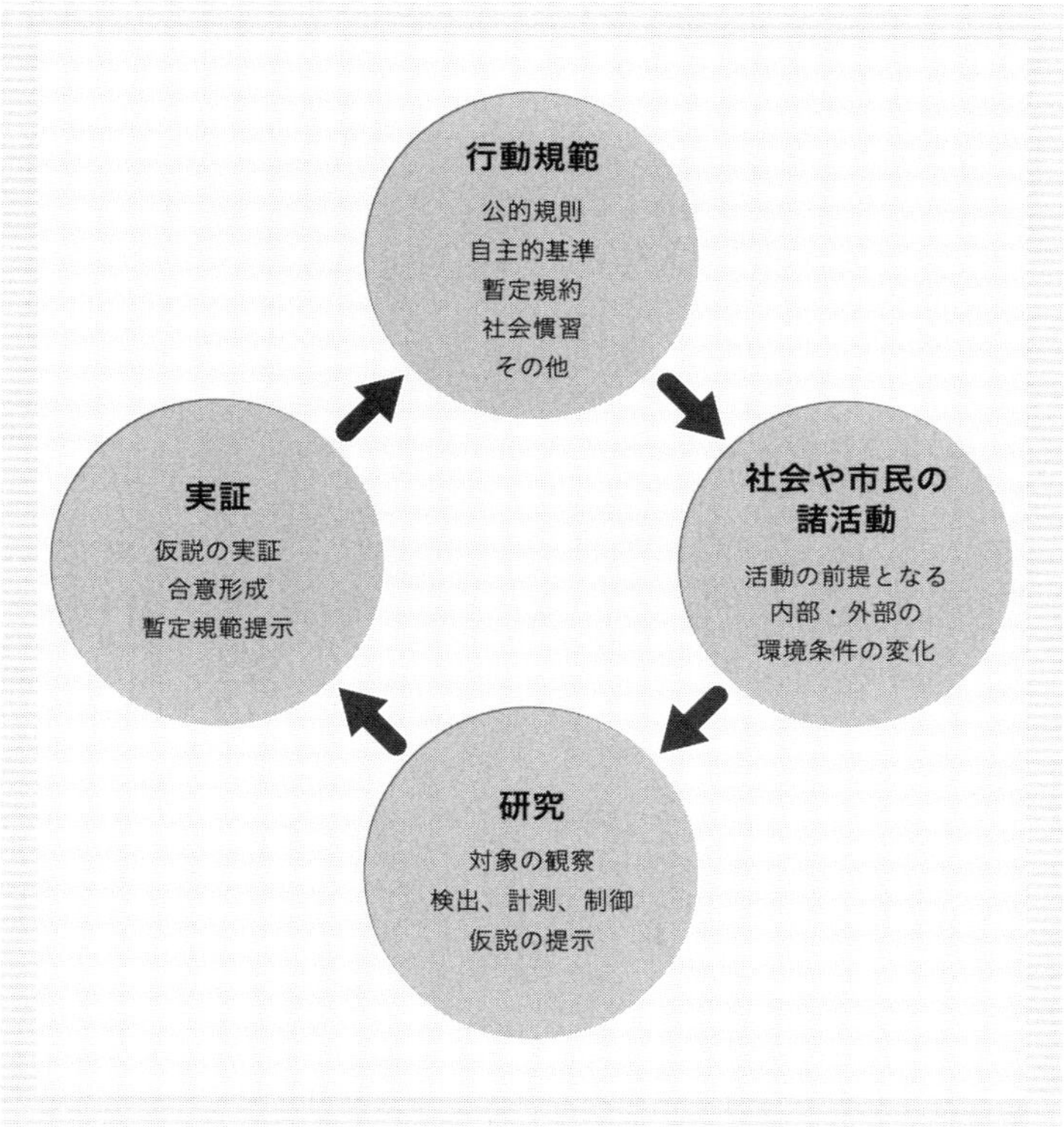

[**図8**] 社会技術研究開発のサイクル

の技術研究開発のサイクルと全く同様です。産業における行動規範には生産活動や製品の質を保証する公的標準、自主的基準、需要家との約定、規約、さらに企業倫理にかかわる行動指針などが含まれています。利潤を追求する企業と言えども、社会や人々を考えない行動はとり得ないのです。企業が取り組んでいるSDGs（Sustainable Development Goals：維持可能な開発目標★1）も企業の社会的約束（コミットメント）と言えましょう。たとえば、プラスティック廃棄物による海洋汚染を防止するために、飲み物のストローを自主的に廃止しようとする企業活動はその一例と言えます。このことは産業技術の社会技術化が起こっていると言えましょう。産業は産業のことのみを考えればいいという時代は過ぎ去り、社会のことをも考慮の対象に入れなければならない時代が始まっているのです。

●社会技術研究開発の終点

外部環境変化への対応の遅れを放置するわけにはいきません。そこで研究者の出番です。第2章でも説明しましたが、再度、研究者の取るべき行動を要約してみましょう。まず、［図8］の下にあるように社会の変化や人々の動きを観察・計測し、社会を取り巻く内外の環境の変化と、その変化が人々に及ぼす影響を洞察します。次に、変化に対応するために必要な要素を検出し、それらをどのように制御すれば最適な結果が得られるかを探求します。そうして、新たな行動のための仮説を構築します。図の左の実証に移って仮説の確からしさを社会実装によって明らかにし、新しい行動規範を提案します。最後に上の行動規範に移って市民の合意を得つつ、必要があれば、提案した規範を修正し新たな行動規範を確定します。規範確定のために重要な役割を果たすのは市民をはじめ行政の人々、研究者になじみの深い学協会や中立的な委員会など、客観的な立場を持っている機関です。ここまで到達すれば初めてサイクルは完結します。これでお分かりのとおり、社会技術における研究者の使命は社会の人々の行動規範を提示することにあり、これが研究開発の終点になります。行動規範を提示したところまでで研究者の使命が終わったわけではありません。新しい行動規範を実行してみると、必ず何がしかの不具合な箇所が見つかるものです。ですから、その情報を収集して不適切な箇所があれば修正をしなければなりません。次にこのことについて考えてみます。

社会技術研究開発の包括的な運営

●企業経営のPDCA

企業の包括的運営を実行するためには[図9]にしめすとおり経営の計画、実行、評価、改善のPDCAが確実に閉じていなければなりません。このサイクルはまず経営計画から始まり、次いで商品と製造工程の設計、原料・資材調達、商品製造、商品流通(販売)、市場情報収集、情報の評価、評価結果に基づく改善策提案、新しい経営計画になります。このうち研究開発や市場開発の機能は計画の中に含まれていると考えていいでしょう。これら各種の機能のうち絶対に外部委託できない業務は計画、商品と製造工程の設計、市場情報評価と改善策提案です。この機能を手放せば企業のイメージとブランドが喪失してしまいます。これ以外の機能は外部に依存しても問題ありません。事実、資材調達や商品の流通を外部に依存し、製造だって外部に委託している企業も少なくありません。このように企画、設計、評価の部門へ業務を集中することによる製造業のソフト化が進行しています。 研究開発にもこのようなサイクルが考えられるでしょうか。

●社会技術研究開発のＰＤＣＡ

［図9］の経営計画と商品と製造工程の設計を研究開発計画に、商品製造を社会実装に、商品流通を研究成果の普及に置き換えると、社会技術研究開発におけるＰＤＣＡとなります。実際の研究開発の運営を見てみると研究開発のＰと社会実装のＤまでは確実に実行されています。ところが、社会実装してみてどこか不具合なところがないかという情報を集め、それを分析し評価するＣと評価結果に基づいて対策を考え修正策を提案するＡがない場合が多いのです。これでは市民の信用を失ってしまいます。第1章でお話したように、研究開発成果実装支援プロ

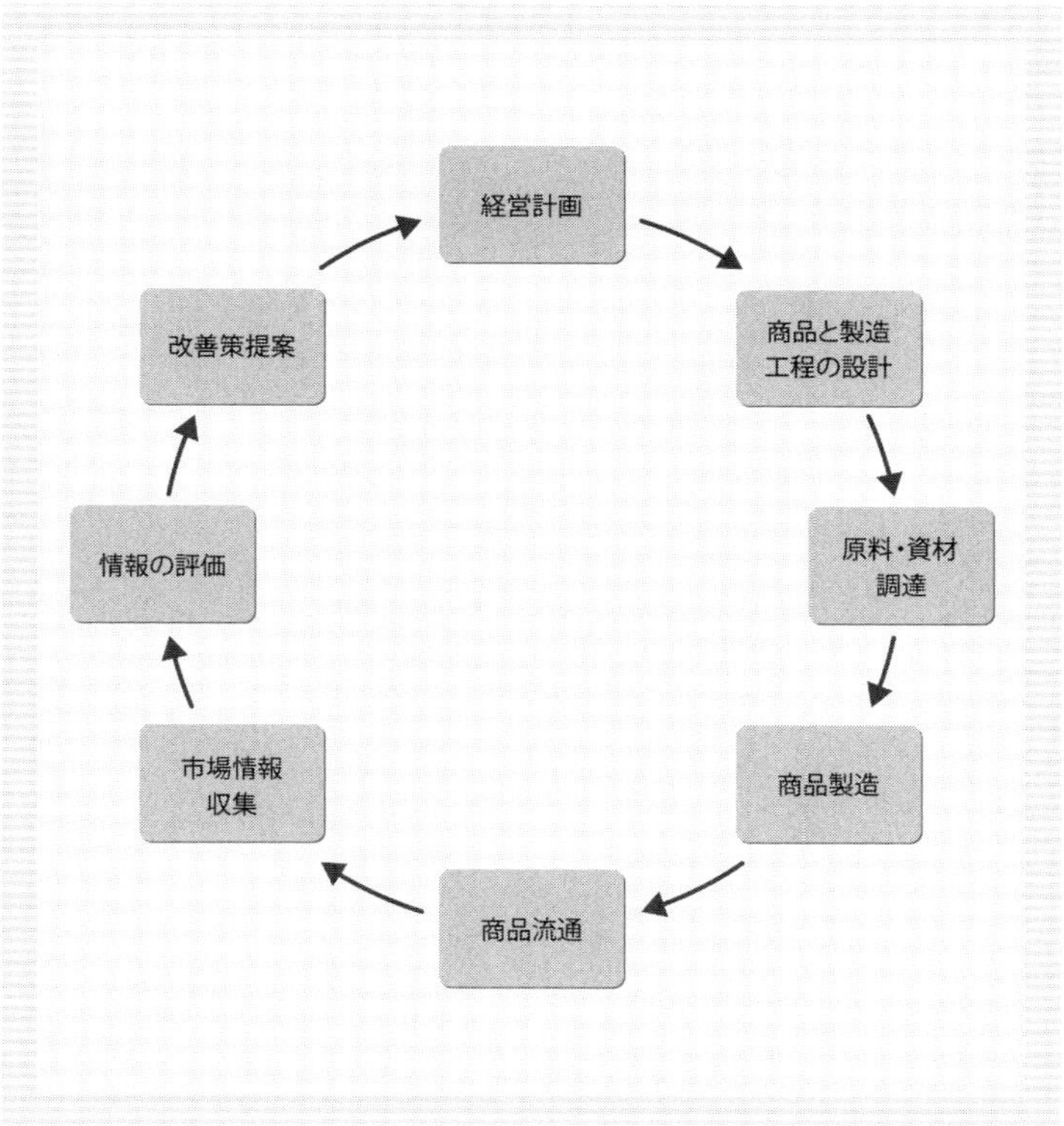

[**図9**] 企業経営のサイクル

グラムでは、プロジェクト終了から三年経過後に追跡調査を実施して、フォローアップ報告と意見交換を実施しています。このフォローアップで議論されることは研究開発成果の普及を障害していることをどう克服するかです。このフォローアップ活動をとおして新たな研究課題が発見されます。ＲＩＳＴＥＸのホームページにアクセスするとフォローアップの記録が掲載されていますので是非参照してください。

次にＰＤＣＡを完結するために必要なことは何かを考えてみましょう。

●ＰＤＣＡ完結のための行政、自治体や市民との連携

社会技術研究開発では社会や市民と深い関係のある行政、自治体や市民と緊密な連携を持つことが重要です。自治体の経営は企業と共通点が多く、たとえば警察や消防をはじめ多くの専門的な機能を独立した外部組織に依存しています。自治体にとって絶対に手放せない機能は企業と同様に計画と評価、ならびに評価結果に基づく新しい計画の提案であるはずです。とは言っても、自治体に新しい計画を生み出すために重要な役割を持つ研究機能はないし、それを持つことは大きな負担になるでしょう。それなら大学や研究機関の研究者がその機能を肩代わりすればいいのです。自治体は地域に存在している大学や研究機関を自治体の頭脳と思い、密接な関係を持つことによってＰＤＣＡが完結することになります。四八件のプロジェクトでも

地域	採択数（%）	全国対象（%）	地域対象（%）
九州	4（8）	4（8）	0
中四国	3（6）	1（2）	2（4）
関西	8（17）	6（13）	2（4）
北陸	2（4）	2（4）	0
中部	5（10）	2（4）	3（6）
関東	18（38）	14（30）	4（8）
東北	7（15）	1（2）	6（13）
北海道	1（2）	1（2）	0
計	48（100）	31（65）	17（35）

［**図10**］申請時実装責任者が所在した地域
*中四国１件、関西１件、東北４件は東日本大震災関連の特別プロジェクト

自治体と効果的に連携して成功を収めたものが数多くあります。典型的な例は11の横浜市における救急搬送システムであり、他にも、03、05、08、17、18、19、22、26、32、33、35など、枚挙にいとまがありません。自治体と連携することによって実装の効果が明確になると行政も普及に力が入ってきます。しかしながら、現実を見てみますと［図10］に示すように明らかに地方貢献を意図したプロジェクトは三五パーセントであり、これも東日本大震災関連の特別プロジェクトを除けば地域からの申請・採択数は多くありません。研究者にはもう少し地域の課題を見つめる目が欲しいと思います。

ところが、うれしい動向もでてきていま

す。大学や研究機関と連携して課題解決に役立てようとする自治体の動きが活発になってきました。たとえば、つくば市では「市民生活の向上及び地域経済の活性化に加えて先進的な取組に挑戦するまち」としてのプレゼンスを確立することを目的として「社会実装トライアル支援事業」と名付けられた活動が開始されました。二〇一八（平成三〇）年度に採択された五件のプロジェクトの中に筑波大学が選ばれています。詳しく知りたい方は同事業のホームページ★2にアクセスしてください。

ところで、このサイクルを完結するためにいくつか議論しておかなければならないことがあります。まず、課題発見と実証の方法論、問題の設計図の発見、知の移転、関与者の異なる意見の習合★3などです。以下順番に議論を進めてみます。

その前に研究開発成果実装支援プログラムのアドバイザーを務めている鈴木浩さんが日本工学アカデミーの活動の中で興味深い提案をしています。［図11］をご覧ください。鈴木さんはイノベーション創出に向けて、エンジニアリングのあるべき姿に立ち返って考え、その結論として、単に工学的発想に基づくのではなく、地球社会から現実の世界までを包摂したエンジニアリングをメタエンジニアリングと名付けました。この例を実装理論のひな型として取り上げてみます。

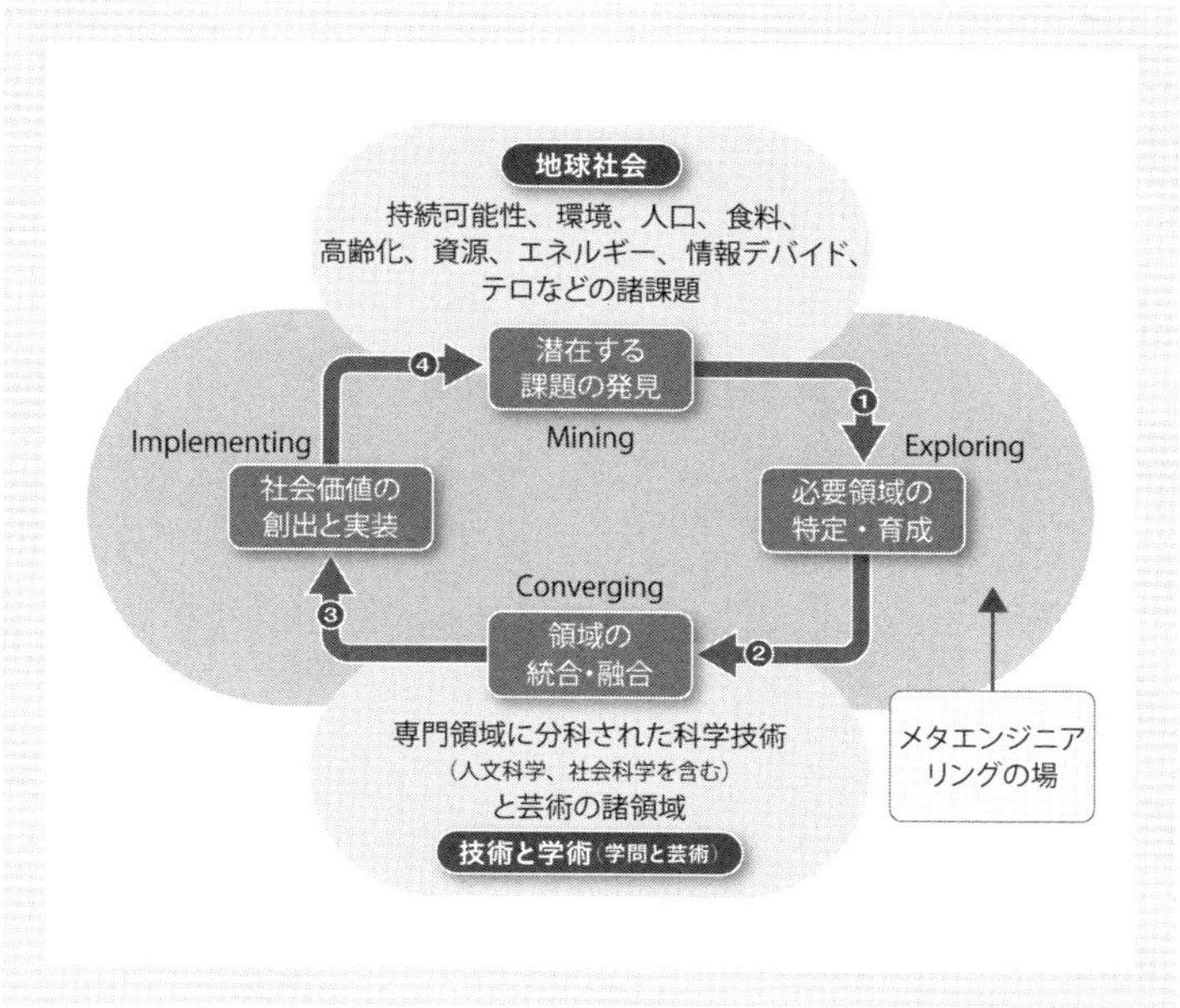

［**図11**］メタエンジニアリングの概念図

包括的社会技術の提案

社会技術の実装のモデル化を考えるときに、ヒントとなる一つの考え方を見てみましょう。社会に存在する隠れた課題を見出だし、これを解決し、社会に実装するプロセスは、メタエンジニアリングとして捉えることができます。

このメタエンジニアリングは次の四つのプロセスと「場」としてモデル化できます［図11］。

Mining（発掘）：潜在的な社会課題やニーズを、なぜそれが課題やニーズなのかを問うことによって発掘し定義するプロセス。

Exploring（探索）：発掘のプロセスで見出した課題の解決やニーズへの対応に必要な知と感性の領域を俯瞰的に特定するプロセス。

Converging（統合）：探索のプロセスで特定された領域の知と感性を、統合・融合することにより解決案を創出するプロセス。

Implementing（実装）：統合のプロセスで創出された解決案を、社会とのエンゲージメントにより社会実装を図ることによって、新たな社会価値を創出するプロセス。

場：上記四つのプロセスの機能、及びプロセス間の移行を促す作用を持つ基盤。

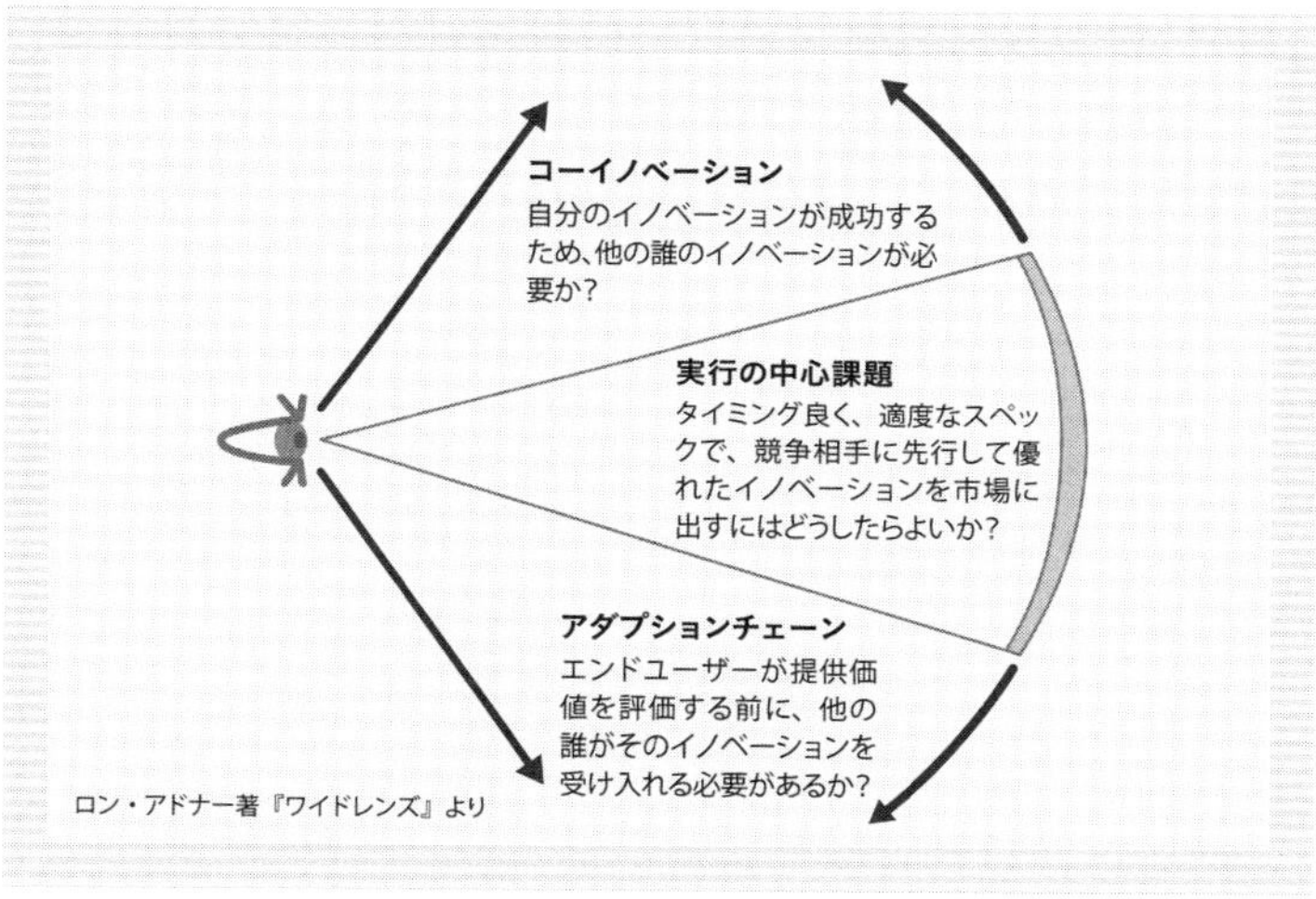

［**図12**］実装における要件

メタエンジニアリングでは、これら四つのプロセスを英語の頭文字を並べて「ＭＥＣＩ」と称します。その四つのスパイラルを繰り返し展開して、普遍的な価値に近づけてゆくための手法です。そしてその展開をうながす「場」のアクティビティを重視しています。

社会技術の実装はこのモデルでは実装のプロセスにあたります。このプロセスで必要な要件を示したのが［図12］で、これは、ロン・アドナー著『ワイドレンズ』からの引用です。

実装においては、それ以前のプロセスから得られた解決策を実装することになります。技術以外に、芸術、社会科学などがその解決策となります。そのときに、考えなければいけないのは、課題に直接関係するプロセスのみに取り組むのでは、実装が実現できないということです。すなわち［図12］にあるように、一つはともにイノベーションを実現してくれる仲間が必要だということです。［図12］ではこれをコーイノベーションと称しています。と同時に、その解決策がエンドユーザーに価値を与えるためには、協力してくれるパートナーが必要であり、これはアダプションチェーンと呼ばれています。

この本ではこれまで多くの分野で見られた実装の失敗例のいくつかを紹介しています。

①ミシュランのパンクしないランフラットタイヤ

ミシュランはパンクをしないタイヤにはニーズがあるはずであると考え、その目的で、ランフラットタイヤを技術的に開発、事業化しました。ランフラットタイヤとは、パンクしても百キロメートルは走れるタイヤでタイヤ交換をしなくてすむのです。しかし、ランフラットタイヤは大きな事業とはなりませんでした。その理由の一つは、タイヤには再生タイヤのマーケットが大きく、ランフラットタイヤが高価で競争力が落ちることがあげられます。また、釘が刺さりながらもパンクをしなかったタイヤも、釘を抜くなどの修理は必要ですが、パンク修理店が扱ってくれなかったこともあります。現在、ランフラットタイヤは、軍用にのみ使われています。

得られた教訓：意図した目標が達成されても評価項目に見落としがあると普及に至りません。

②ファイザーの吸入式インシュリン

糖尿病患者にとってインシュリンの注射は生命にかかわる大事な治療ですが、注射という時間と手間のかかるプロセスを何とか簡略化したいというのが患者さんのニーズでした。ファイザーはこの問題を解決する方法として、吸入式のインシュリン注入装置を開発し大きなビジネスを期待しました。ところが、糖尿病担当の医師と、吸入を扱う呼吸器系の医療担当の医師は専門が全く異なっており、後者の協力が得られず、吸入式のインシュリン機器は広まることがありませんでした。

得られた教訓：実装においては、ステークホルダーにもれがないかを十分に確認することが必要です。

③ディズニーの初期のデジタル映画

従来映画はアナログのフィルムを使って撮影され、上映されてきました。フィルムの製造費、輸送費などの費用は膨大で映画業界は頭を痛めていました。映画をデジタル化したいというニーズは多くの映画産業の中で根強いものでした。ディズニーが中心となり、フィルムのデジタル化が実行されました。しかし、映画を上映する映画館は高価なデジタル映写機を導入してくれませんでした。そのために映画館は、アナログのフィルムを使い続け、デジタル化は成功しませんでした。これを教訓にして、ディズニーは他の映画会社と協力し、映画館にデジタル映写機導入の低利子のファイナンスを提供し、やっとデジタル映画が普及するようになったのです。

得られた教訓：実装を実際に行い協力してくれるパートナーを見ておくことが必要です。

④電子カルテ

個々の病院内ではカルテの電子化は進んでいますが、病院共通の電子化は進んでいませんでした。患者にとっては、病院の転院や急患でかかった時には必要なものでした。しかし、共通の電子化に関しては、誰が金銭的な利益を得るかが決まらなかったために進んでいないのが現状です。

得られた教訓：誰が利益者となるかをつかんでおかないと、技術開発だけでは実装ができません。

⑤ソニーの電子端末

書籍の電子端末化を初めに手がけたのはソニーでした。それが実現すれば、厚い本や何冊もの本を持ち歩く必要がなく、読者にとっては必要な端末と思われました。しかし、電子端末の発売に当たって、出版業界が反対しました。そのために、ソニーは電子端末の販売を諦めたのです。近年、Kindleなどの電子端末が普及したのは、出版業界を巻き込んだ変革があったからです。

得られた教訓：対象とする業界を見誤ると普及が進みません。

こうした失敗例に学ぶことによって失敗を犯さないための教訓をくみ取ることができます。つまり、純技術的に優れた価値を創造しても、社会科学的な探索が不足していると、実装がうまくゆかないのです。これを防ぐには、MECIプロセスのスパイラル展開が重要となります。

さて、次に実証と課題発見の方法論について議論してみましょう。

実証の方法論をどう考えるか

●仮説実証法によって科学や技術は進歩した

［図8］の左に仮説の実証とあります。仮説を立て、その仮説の正しさを実験で確認する仮説実証法は古くから行われてきた科学の方法論です。この方法によって科学や技術は進歩したと

いっても間違いありません。この方法を簡単に説明してみます。まず、理論的に検討して大丈夫だろうと確信して人工物を作ります。もし仮に理論的検討が不十分で何らかの事故が起これば理論を修正して次の人工物に適用し、これを繰り返しながら次第に確実な人工物製造法を確立していくという試行錯誤的な方法です。英語では、trial and errorと言っています。まさに「ためしてがってん」ということになります。建物を例にとってみましょう。建物が地震や台風などによって倒壊してしまわないように力学的な計算によって安全を確かめ、部材を組み合わせて建物を建設します。これで壊れないはずですが、実際には予想外の方向から力がかかった、工事における部材の接合部分に接合不十分な箇所があった、長い年月の間に部材の一部が疲労破壊した、雨水によって部材に局部腐食が発生した、などの理由で建物が破損することがあります。破損が起こるたびにその理由を調べて理論の修正、追加を行います。このようにして安全な人工物をつくる方法を確立するのです。技術はこの方法によって著しい進歩をとげました。

●試行錯誤ができない対象

事故が起こってもその影響が限定的である場合はいいのですが、事故によって破滅的な被害が生じる人工物があります。東日本大震災で破損した原子力発電所が一つの例と言えます。このような人工物はあらかじめ試すことができませんので試行錯誤法の適用は不可能です。巨大システムも同様で、おそらく数万、数十万ステップを超えるプログラムのすべての組み合わせを検証することは不可能に近いでしょう。市民が大混乱に陥った地下鉄の検札システムの事故や銀行の通信システムの障害がその例と言えます。最近ではプログラムのミスによってフェイスブックから個人情報が大量に流出しています。どうやら欠陥のないソフトはないようです。

さて、どうするか。そこで検査保証ではなく、つくる過程が正しければ正しい製品ができるという、工程保証が考えられます。たとえば、精密に計算制御された装置で金属の板をつくったとします。そうすると、検査する必要もないほどに完璧な製品ができます。検査結果を自動入力にすれば検査データを捏造することさえ困難となります。これが工程保証のいい例でしょう。

シミュレーション技術を駆使して設計に間違いがないかを徹底的に検証する方法があります。現実空間の実証ではなく仮想空間での実証ということになりますが、これも有力な検証手段です。四八件の事例でもシミュレーションを駆使してモデルの正しさを確認したプロジェクトがいくつかあります。12の津波災害総合シナリオ・シミュレータ、21の画像診断を支援するプログラムはその例です。両者ともに動画像を見てみるとその正確さに驚きます。それでも「想定外」の事故がおこります。さらに、生命倫理にかかわる分野では試すことすら許されません。繰り返しますと、試行錯誤することが許されない人工物、たとえば原子力発電設備、検査保証できない人工物、たとえば巨大人工物、巨大システム、試すことが許されない生命倫理に触れるような対象、たとえば人の遺伝子操作などに対して、試行錯誤法は適用できないのです。

それではどうするか。

●論理整合法の難点

社会技術には試すことが困難な対象が多くあるように思われます。無理やり試すと実社会に修復不能な被害を与える可能性さえ予想されます。歴史を振り返ると革命という名のもとに壮大な社会実験を長期間にわたって行った国がありました。さて、仮説実証法にたよれない場合はどうすればいいのでしょうか。産業のための技術研究開発では自然科学の理論がそろっています。このような場合、理論的に正しいものを連続的に連結して仮説を結論に誘導する演繹的方法論があります。この方法は自然科学的分野では有効ですが、社会技術の分野では対象を誰もが納得できるように説明できる理論が少なく、また、定量的かつ客観的に対象を計測し制御する方法が少ないのです。ですから、対象を正しく説明できる仮説を導入することが難しくなります。

このような場合、局所的に正しいと思われる論理をつなぎ合わせ、対象を説明できるモデルを組み立てる論理整合法が考えられます。この方法の難点はよほど注意深く仮説を組み立てないと起こりそうもないことが起こることになってしまう。たとえば、事象Aが起これば相当の確からしさで事象Bが起こる。事象Bが起これば相当な確からしさで事象Cが起こる、とすると、Aが起これば相当な確からしさでCが起こる、ということになります。この「相当の確からしさ」ということが重要なポイントで、これが成立していないと「風吹けば桶屋儲かる」の誤りに陥りかねません。局所的には正しくてもそれらをつなぎ合わせた全体が正しいとは言えないことを合成の誤謬（Fallacy of Composition）と言います。これを避けるために関係のある多くの人々、ステークホルダーに参加を求め多面的な角度から仮説の妥当性や合理性、合成の適切さを慎重に検証することが必要不可欠となります。なぜこのような分かり切ったことを繰り返し説明するのかと思われるかも知れませんが、応募された提案書類を読んでいると、「なぜそうなるの?」という疑問がしばしば起こるからです。その背景には研究者の思い込みがあり、合成の誤謬に陥っているのではないかと思われるケースが散見されたからなのです。

●デカルトのモデル

ちょっと横道にそれますが、あるアメリカの会合で経験したことをお話しします。その会合は五人の少人数で、ある課題を議論し結果をまとめることでした。課題は当時問題であった貿易摩擦だったと思います。いろいろな意見が交錯して結論には程遠い状態でした。そうすると指導者的役割をしている先生が現れて、「論点は何だったのでしょうか、それを同定（identify）してください」と言われる。論点の整理ができると、次に「論点を構成している要素は何かを列挙してください」と言う。次は「その要素を影響の大きい順に、要素の相互関係を考慮しながら並べてください」と言う。出来上がったものは貿易摩擦解決のモデルでした。この手順、何か記憶にあるなと考えていたところ、思い出したのがデカルトの「方法序説[★4]」でした。

第２章でお話した吉田民人さんは近代科学の方法論に大きな影響を与えたのはデカルトであると言っておられます。デカルトの方法論を超簡単に要約すると、「即断と偏見を避けて、明証的に真だと認められること以外は判断に取り入れるな。よりよく解決するために問題を細かな小部分に分割せよ。思索を組み立て、考え落しがないか徹底的に検証せよ」ということになります。現代風に言い換えると、対象を構成要素に分割し、その中から対象に影響を与える要因を選択し、選択された要因を組み立てて理論モデルを作り、モデルが課題解決に適しているかを検証し、その結果が妥当であればモデルを使って解を求めることができる、ということになります。

とは言うものの、われわれが取り扱う課題は多くの要因が複雑に入り込んでおり、この要因を完全に数え上げ、要因相互間の関係を誤りなく検証することは大変難かしい。たとえば、要因がAとBの二個なら対象に影響を及ぼす因子の数はA、B、AとBが共同して影響を及ぼすA×Bの三個ですが、要因の数が十個になると対象に影響を及ぼす因子の数は千を超えてしまいます。デカルトはこの組み合わせすべてを検証せよと言っていますが、このすべての組み合わせの影響を調べることは不可能に近い。ですから、何かを無視してしまいます。理論がそろっている自然科学の場合ですら理論的に正しいと思えるシミュレーションモデルを作って計算しても結果にかならず実際とのずれ、誤差が生じます。この誤差が無視した因子によって生じたものなのか、あるいはモデルの構成に間違いがあったのかを調べるためには膨大なモデル修正を繰り返さなければなりません。これは大変なのでモデルを見直すのではなく、係数を修正して現実と合わせようとします。修正に修正を重ねているうちに係数の理論的意味がなくなってしまいます。それはさておき、相当に複雑なモデルでもシミュレーションによって解を得ることが容易になったため、現在では人文・社会科学、自然科学を問わず多くの分野で利用されるようになっています。

●デカルトの方法論の社会技術への適合性

デカルトの方法論の特徴は、筋道が通っていて(論理性がある)、誰でもそうだと認め(客観性がある)、すべての場合に当てはまる(普遍性がある)ことでした。四八件のプロジェクトでも多くの場合、デカルト流の論旨組み立てがなされています。まず基礎となる研究の成果を中心に据えてモデルを組み立て、どのような方法で目標に到達するかを実装の筋道として展開し、実装の結果を参照しながら適宜モデルを修正し、結論へと誘導する方法を採用しています。多数の実施例があり、いずれも成功しているという事実から考えると、この方法は社会技術研究開発の方法論として適切ではないかと思われます。ぜひ利用してみてください。

社会技術研究開発の方法論が明らかになったところで、次に課題の発見について議論します。

課題発見の方法論［1］潜在している必要性の発見

●ニーズ先行型

ご存知かも知れませんが、一九〇一（明治三四）年のことですから、もはや百二十年近くも昔に報知新聞が「二〇世紀の予言」と題して実に面白い項目を並べ、百年後にはこれらが実現していると予測しています。たとえば、「新器械發明せられ暑寒を調和する爲に適宜の空氣を送り出すことを得べし」とは冷暖房のことを予言しているのでしょうが、明治の人の発想の豊かさに驚かされます。鎖国の眠りから目覚めて初めて見る西欧社会の在り様に驚嘆した新鮮な目が発想力を刺激したのでしょう。何ごとにもあまり驚かなくなったわれわれの目が新鮮さを失ってしまったのかも知れません。ところで、必要は発明の母と言われますが、人々が望んでいるもの、必要をどうやって発見するかは難しい。はっきりと認識できる顕在的欲望の発見は簡単です。しかし、漠然と望んではいるが実現は無理だろうと思っている潜在的欲望や、実現するとは夢にも思ってもいなかった無意識的願望の発見は難しいものです。企業は顕在的欲望を満たすようなものを作っていたのでは、競争者に勝つことができません。表面に現れたニーズは誰でも見つけることができるからです。人の心の深層に眠っている欲望を呼び覚まさなければ、本当に社会に影響を与えるような競争力のあるものを作ることはできないのです。スマホの画面を指先で次々と変えて行くことができるなんて想像したことがありましたか。アップルのスティーブ・ジョブズのすごさは私たちが考えもしなかった無意識的願望を見つけて実現したところにあると思います。

●シーズ先行型

発見したシーズに基づいてものを作りニーズは後で考えるという方法は素材型産業によく見られます。たとえば、ナイロンは今までに存在しなかった極めて優れた合成繊維ですが用途がありませんでした。これをご婦人の破れない靴下に利用することで一挙にマーケットが形成され、次々に新しい用途が現れてきました。開発はしたけれどさっぱり売れなかった高張力鋼を

「このような用途に使用するとこんな利得がある」と解説した高張力鋼デザインマニュアルという本を産学官が共同して作成し、需要の少なかった高張力鋼のマーケットを開拓した例もあります。吸水性ポリマーをおむつに使うことを考えてマーケットを開拓した人は想像力豊かな人だったと思います。このようにシーズを見つけた人がニーズも開拓するのが成功の鍵になります。

社会技術でも潜在的課題を発見し解決することが重要です。人々が帰属している社会は研究機能を持っていませんので課題を発見し解決策を考えるのは研究機関の研究者しかいません。社会実装によって研究成果を応用する場を見つけること、これがうまくいくと社会技術におけるシーズ先行型は大成功を収めることになります。研究者の皆さん、ぜひ、そこまで考えてください。

●アンケート調査よりは対話型調査

ニーズを探索するもっとも一般的な方法はアンケート調査です。経験によるとアンケート調査はあまり有効ではありません。回答する人が真面目に考えてくれない恐れがあります。また、アンケート項目は結果を誘導するように作ることができますので、調査結果は信頼に足るかを検証しなければなりません。次に、アンケートに答える人がこんなことを要望しても無理だろうという常識を持っている場合は、本当に希望している回答をしない恐れがあります。たとえば、ものすごく強くて柔らかい鉄というような矛盾する要望は出てきません。面接調査は有効です。直接需要者にあって本音を聞く対話型です。これが発展すると、いわば無責任な放談会になります。お酒が入るとなお本音が出る。たとえば、自動車が事故で凹こんでもお湯をかけたら元にもどるような材料はありませんか、というような会話です。そんな材料はありますが自動車に使うにはあまりにも高価です。でも、このような対話を通してヒントをつかみ競争力のある製品を開発した経験は数多くあります。

社会技術の場合でも産業の場合と同様に社会の人々が気付いていないこと、そんなことを要求しても無理だと思っていること、今は問題になっていないが将来問題になるかも知れないこと、などを発見することが不可欠です。眠れるニーズを発見するには研究者と社会の人々との徹底した対話が有効ですが、大切なことは、研究者は聞き手であり話し手ではない、ということです。なぜなら、研究者の話は市民には分かり難く、聞かれもしないのに、何かを教えてやる、という空気が感じられると市民は敏感に口を閉ざすからです。勝手な想像ですがサイエンスカフェが永続しない理由はそこにあるのではないでしょうか。いずれにせよ、楽しい会話が交換できるコミュニティを作っておくことは大切です。

●社会技術研究開発のコミュニティ形成

社会技術研究開発は大学や研究機関で発見されたシーズに基づいて発展するシーズ先行型であることに気が付きます。産業との違いはシーズをニーズにまで育ててくれる仲間がいるかいないかです。産業では個別企業の内部のみではなく外部にも多くの仲間がいますが、果たして、大学や研究機関ではどうでしょうか。社会の問題は複雑で一人で考えても限界があります。ですから、社会の課題を解決しようとする熱意を持つ人たちとコミュニティを形成することが重要になると指摘しました。コミュニティを形成しておくと成果の評価と普及にも大変有効となります。ＲＩＳＴＥＸではいろいろなコミュニティが活躍していますが、ご関心のある方は巻末の参考文献01に記載しているアドレスにアクセスしてみてください。

課題発見の方法論［２］シナリオライティング

●線形予測と非線形予測

「はじめに」でお話したように社会のための科学という概念は激化する環境、貧困、地域紛争などの諸問題に対処するために科学者は何をなすべきかという問題提起から生まれたものです。後ほど触れますが、科学の知は自然科学的知とか人文・社会科学的知とかの区別なく人に利便を与えることを通して進歩してきました。この本来の姿に立ち返り、激化する私たちの身の回りの変化に対処する方法を考えることが社会技術研究開発の原点と言えます。この変化が直線的である場合は将来の予測は簡単です。たとえば「現在の二酸化炭素の規制値が将来にはこの程度になるだろう」とか、「わたしの町の人口は十年後にはこれ位になるだろう」という予測です。これを線形予測としましょう。

一九八〇（昭和五五）年にアルビン・トフラーが『第三の波』を出版し、世界の各地で今まで予想もしなかったことが起こると指摘しました。それから四十年を経過しようとする現在、変化の速さはトフラーが指摘したより大きくなっているようです。我々の身近には外国人材の受け入れ、自国優先主義の台頭、ヘイトクライム、こどもやお年寄りの見守り、障害者の社会参画など、当時はそれほど話題になかったことが次々に現れ、あるものは消えあるものは残り続けています。世の中はうつろいやすく（Volatility）、不確かであり（Uncertainty）、複雑で（Complexity）あいまい（Ambiguity）になってきたようです。これをVUCAと呼ぶそうです。

どんな「こと」が起こるか予測できない世界では線形予測は適用できません。それではどうするか。まず解決すべき対象に影響を及ぼしている要因を想定します。次に、その要因が変化すれば対象にどのような結果をもたらすかを「こんなことになるかもしれない」、いや「あんなことかもしれない」と数え上げ、いくつかの仮設的ゴールを設定します。そんなこともあり得るかなと仮置き的に設定したので仮説ではなく仮設としたと思ってください。それから、このゴールに到達するシナリオ（筋書き）を描きます。世の中の変化を仮定しつつ適宜シナリオを変更し、あるいは、消去して到達すべきゴールを確定していきます。将来の到達点を先に複数個決めておき、これに至るルートを考える方法です。このような方法を非線形予測と呼ぶことにします。

自然科学に基礎を置いた技術は線形的変化であれ、非線形的変化であれ、多くの場合数式的記述が可能であるため、初期条件を与えれば予想と大きく異なる結果がでてくることは少ないでしょう。これを機械的モデルと呼びます。これに対して、人や社会という「生き物」を対象とした社会技術では、たとえば芋虫から蝶が生まれてくるような、思いもかけない結果がでてくることがあります。これを変態的モデルと呼ぶことにします。変態的モデルの作成は大変難しい。しかもモデルを構成している部品は機械的な歯車とかピストンのような「もの」ではなく、制度とか体制とか組織のような「こと」なのです。そこで浮かび上がってくるのが「ことつくり」になります。

●「ことつくり」と「ものつくり」は一体だった

辞書によると技術とは理論を実際に応用して人間生活に役立てる手段とあります。もともと、理論の知は人々や社会の必要に応じて生まれてきました。たとえば、穀物の種まきや収穫の時期を知り、旅人がどちらに進めば目的地に到達できるかを知るために太陽や星の動きを観察して暦や地図や道標を作ることから数学、物理学、天文学、地理学などが生まれ、土地の支配領域を明らかにするために幾何学が生まれました。また、宗教とか詩や演劇、芸術、法などの人文・社会科学の知も人の生活の必要を満すために生まれてきたのです。ところが自然科学の知は、自然における諸現象の支配原理を知りたいという人々の好奇心に駆動されて、社会における利用とは独立して大きな発展を遂げました。

●「ものつくり」の時代

一方で、自然に存在する木、石、鉱物などの天然の資源を改変して人々の生活に便益をもたらす「もの」を作る「わざ」は個人に属する経験の知でした。経験の知は次第に体系化され、さらに普遍化されて多くの人が利用可能な技術の知として利用されるようになります。科学の知と技術の知はあるときは技術が科学の知を借り、ある時は科学が技術の疑問に応えて新たな知を生み、相互に知を交換しながら進歩発展を遂げたのです。日本では科学と技術が融合した日本独特の科学技術の知によって、ものつくりが格段に強化されました。科学と技術の関係がうまく回転し、田園牧歌的な「ものつくり」は高度に進歩した科学や技術に支えられて近代産業の体裁をととのえ、多種多様な「もの」を作りだして人々の生活を豊かにしたのです。この過程で、いつしか「もの」と「こと」は次第に離れ「ものつくり」が先行したのです。このようにして、ものに支えられた物質文明は二〇世紀後半には繁栄の頂点に到達します。

●「ことつくり」の発見

それでは社会の人々のために必要な「ことつくり」はどうなったのでしょうか。「ことつくり」とは耳慣れない言葉かも知れませんがそれほど新しい概念ではありません。情報通信白書によると一九八〇年代の初めころから使われてきたと言いますからすでに四十年近くが過ぎています。ここでいう「ことつくり」とは「もの」というハードに付随してハードの価値を高めるソフトな機能を考え出すことなのです。これに対して、本書でいう「ことつくり」とは社会を動かし人が行動するために必要な規範、体制、仕組みなどを意味しています。社会のための「ことつくり」にかかわる科学と技術の関係はそれほどうまく回転したとは言えません。その理由は「ことつくり」の基礎となる科学が十分に整っておらず、「ことつくり」の科学技術の確からしさを試してみる適切な方法や体制が不十分であり、さらに「ことつくり」の科学技術のための資金を提供する人や機関がなかったことにあります。社会の変化がゆっくりとしていた時代にはそれでもよかったのですが、変化が速くなってくると新しい「ことつくり」を急がなければなりません。さて早急に整備しなければならない「ことつくり」を発見する方法について考えてみましょう。

課題発見の方法論[3]問題の設計図をつくる

「はじめに」の項で問題と課題の違いを定義し、解決すべき対象を問題といい、問題を解決するための対策を課題ということにしました。たとえば「高齢化社会のもたらす問題は年金、介護、医療など多様であり、これらの問題を解決するための課題も数多くある」のように使い分けることにしたのです。たとえば、第1章で説明した11から22までのプロジェクトが安全・安心な社会の構築という問題を解決するために必要な課題群であるということになります。安全・安心な社会の構築に必要な課題はどれくらいあるのでしょうか。これを数え上げることは大変むずかしい。思いがけない課題が次々に出てくるからです。これを予測するために、第1章で説明した自然災害の課題群、たとえば、地震、津波など、また人為災害の課題群、たとえば、運転事故、薬害事故、医療ミスなどを[図13]のように整理してみます。そうすると空白が見えてくる。そこがこれから研究すべき領域として考えられることになります。図から分かるとおり取り上げたプロジェクトは短期的変化が多く、長期的変化にもっと目を向けなければならないことが分かります。[図13]は一つの例ですが、このような絵を描いて見ると自分の研究の立ち位置がはっきりしてくるし今後研究しなければならない領域が見えてきます。取り上げたプロジェクトに短期的変化が多い理由はプロジェクト採択の基準を「いま、そこにある課題」

に置いたことに関係があると思われ、課題選択の基準をどこに置くかは今後検討しなければならないと思います。

もう一つ例示してみましょう。第1章でお気づきのとおり発達障害にかかわるプロジェクトが六件あります。これらのプロジェクトはそれぞれ固有の特徴を持っており独立して研究が進められてきました。研究開発成果実装支援プログラムを実行してみて分かったことですが、いろいろなプロジェクトが全体として実効が上がるように相互に連関を保ちつつ研究開発を進めることが重要なのです。そうすることによって課題の位置づけが次第に明らかになってきます。[図14]をご覧ください。

この表では対象を検出する方法と対象を制御する方法に分離し、さらに、乳児から高齢者までのすべての人々がいきいきと過ごすことができる社会を構築することを最終目的にし、そのために必要と思われるプロジェクトをはめ込んでみました。そうすると、社会技術研究開発における発達障害の研究は乳児から高齢者までいきいきと生活できる社会の構築という目的を達成するための目標（ゴール）であることが分かってきます。さらに、この最終目的を達成するために行わなければならない課題が数多くありそうだということが分かってきます。

このように整理してみると今取り組んでいる課題がどのような問題を解決するためのものか、問題を解決するために欠けていると思われる課題は何かが明らかになり問題の構造、つま

時間の経過		自然的変化	人為的変化
短期的変化	例	自然災害 （台風、地震、津波、 鳥インフル、SARSなど）	犯罪、戦争行為、主義・主張の 社会的実験（マルクス主義の 実現、IS国家の設立、 巨大人工物・システムの障害、 運転事故
	プロジェクト （PJ）	津波災害［12片田PJ］、 光害［18山本PJ］、 災害時帰宅困難者［20三田PJ］、 土砂・雪崩防止［22下井PJ］	救急搬送［11大重PJ］、 油流出［13斉藤・小谷PJ］、 投薬ミス［14澤田PJ］、 トラック横転［15渡邉PJ］、 震災建物被害［16田中（聡）PJ］、 被災者台帳［17田村PJ］、 居眠り運転［19谷川PJ］、 油汚染防止［33後藤PJ］
長期的変化	例	地球環境・自然環境の 変化、土壌・山林などの 自然荒廃、伝統文化の 喪失、過疎化地域の出現	自然破壊に伴う諸災害の出現、 青少年犯罪の増大、 人や社会の相互関係の 希薄化による慣習の喪失
	プロジェクト （PJ）	英虞湾再生［35国分PJ］、 土壌汚染評価［44土屋PJ］	DV［03中村PJ］、 SSW［08山野PJ］

［**図13**］災害の由来と時間的変化

り、問題の設計図が完成することになります。設計図から問題を俯瞰的に眺めることができますから何を研究しなければならないかが分かってきます。

この設計図は研究開発課題を発見する母型(matrix)となるものです。設計図がないと何を研究すべきかを求めて右往左往することになりかねません。今までの行動規範が融解し始めているにもかかわらず新たな規範が結晶してこない社会の現状に対して結晶化を促す核の発見が必要ですが、この設計図が結晶の核を発見する手がかりとなり、また、課題ありきの課題解決型研究からこれから何が重要な課題になるかを見出す課題発見型研究へ移行する重要な鍵となります。率直に反省すると社会技術研究開発のプログラムでは設計図を求める努力が少なかったように思います。設計図の作成はこれからの重要な研究課題となるのではないでしょうか。

次に課題解決のいくつかの方法を議論してみましょう。

異なる知の集合と移転

●共同主義と自前主義

この設計図を眺めて見ると単一の専門知のみで解決できる課題は少なく、課題解決にはいろいろな専門の知の集合が必要であることが分かります。企業ではいろいろな専門知を持つ研究者や技術者をそろえ、すべて自社でまかなう自前主義だったのです。ところが製造する商品や

対象の検出（診断など）	乳児	幼児	低学年児童
	GazeFinder 〔05片山PJ〕 **fNIRS 〔09檀PJ〕**	**M-CHAT 〔02神尾PJ〕**	**MSPA 〔07船曳PJ〕** メンタルヘルス〔石川PJ〕
	中高学年児童／生徒	成年	高齢者
	メンタルヘルス〔石川PJ〕 聴覚障害高校生〔32玉田PJ〕	緑内障めがね〔28下村PJ〕	脳活動画像化〔27田中（美）PJ〕 転倒防止〔24塩澤PJ〕
対象の制御（治療など）	乳児	幼児	低学年児童
		園児支援システム〔04安梅PJ〕 **早期療育〔10熊PJ〕**	**MSPA 〔07船曳PJ〕** **e-learning 〔01正高PJ〕** SEL-8S、8D〔06小泉PJ〕 SSW 〔08山野PJ〕
	中高学年児童／生徒	成年	高齢者
	SSW 〔08山野PJ〕	Human Service〔03中村PJ〕	脳活動画像化〔27田中（美）PJ〕 老人虐待〔03中村PJ〕 生きがい就労〔26辻PJ〕 介護サービス〔神成PJ〕

〔1〕太字で示した課題が発達障害関連プロジェクト
〔2〕略語の説明：用語の意味
https://www.jst.go.jp/ristex/examin/active/imp/implementatio/implementation.html を参照してください。
M-CHAT : Modified Checklist for Toddlers with Autism
（乳幼児を対象として自閉症をスクリーニングするために作られた質問紙）
SEL-8S : Social and Emotional Learning of 8 abilities at the School（社会性と情動の学習）
SEL-8D : Social and Emotional Learning of 8 abilities for Delinquency（犯罪・非行の被害・加害の予防）
MSPA : Multi-dimensional Scale for PDD and ADHD（発達障害者の特性別評価法）
fNIRS : Functional Near-Infrared Spectroscopy（機能的近赤外分光法）
SSW : School Social Worker（スクールソーシャルワーカー）

〔**図14**〕赤ちゃんから高齢者までいきいきと生活できる社会の構築

製造法が次第に多様化し高度化してくると自前主義では能力的にも資金的にも対応できなくなりました。そこで、他の人の知を借りる共同主義に切り替えたのです。共同主義のいいところは他社の研究者・技術者の異なる視点から批判を受けることです。当たり前と思ってきたことが意外にもそうではないことに気づかされます。企業間の共同研究は日本の製品の名声を世界的に高める有力な武器となったことは間違いありません。ご興味ある方は巻末の参考文献18をご参照ください。

社会技術研究開発でも共同研究は重要です。大学内の研究者との連携も必要ですが、大学の研究者は自分の研究で手一杯であり、他の研究に協力するのは難しいでしょう。とすると、大学を超えて研究者と連携した共同研究グループを結成する、特に、市民の研究グループへの参加を勧誘する、また、観測や測定のための機器類メーカーの協力を求める、などを通して研究開発共同体（コンソーシアム）を作ることを考えなければなりません。第1章を見てみると、いくつかのプロジェクトで研究者の共同体を作って成功しています。

よく学際的研究とかインターディシプリナリー研究といった言葉を聞きますが、学際的研究という研究領域があるのではなく、専門の異なる研究者が目的達成を阻害している学術間の問題を共同して解決することが学際的研究です。同じ学術に属する課題を基礎から応用まで一貫して統括することを縦統合（longitudinal integration）と呼ぶなら特定目的達成のために必要な異種の学術を統合することを横統合（lateral integration）と呼ぶことができます。共同主義はこの横統合を前提としなければ成功しません。第2章の［図7］で研究協力者を研究者とは異なる組織に属し研究に協力する人と定義していますが、横統合に協力してくれる人はすべて、市民を含めて、研究協力者です。この市民を研究者化することが研究開発を成功に導く鍵となります。

●社会技術の移転

うまくいっている例に学ぶことは研究開発期間の短縮と開発コストの低減に有効です。企業の製造現場でよくあることですが、自社とは全く異なる製品を作っている企業の製造方法をそっくり自社に転用しようと考えることがあります。具体的な例で説明しますと、板ガラスの製造は溶けた状態のガラスの原料を融けた金属の上に流して作ります。これをそっくりそのまま鉄の薄い板をつくる方法に応用しようと考え、実際に試した研究者がいます。見事に失敗しました。なぜなら鉄とガラスの物理・化学的性質、たとえば融点、熱の伝わりやすさ、比重などが大きく異なっていたからです。このような技術の移転を現象移転と名づけます。これに対して現象を支配している原理を移転することを原理移転と名づけます。たとえばアルミニウムは鉄に比べて熱を伝えやすい。そこでアルミニウムのパイプの内側に水を流し外側に温度の高いガスを流すと水は急速に暖かくなります。これを熱交換器といいます。同じ理由で、アルミニウムのお鍋は鉄のお鍋に比べて早く暖かくなります。ところでお鍋を見てアルミニウムが熱交換器に利用できると想像できますか。ものの姿かたち、つまり現象に目を奪われて現象を支配している原理を忘れてしまいます。原理移転は原理を展開する想像力が必要とされ、意外に難しいのです。

●原理移転が成功の秘訣

なぜこのようなお話をしたかと言えば、実は、10「エビデンスに基づいて保護者とともに取り組む発達障害児の早期療育モデルの実装」のシンポジウムに出席した時の出来事に感銘したからです。参加者から次のようなお話を聞きました。この参加者はご自身のプロジェクトがどうしてもうまくいかず、ヒントを求めていろいろなシンポジウムに出席して、類似の例を探し真似してみたがどれもうまくいかない。ところが実装責任者の熊仁美さんの事例発表を聞いていたら、熊さんは応用行動分析学に基づいて実装を進めていることを知ったというわけです。そこで応用行動分析学を勉強し適用してみたらうまくいった、と言われるのです。なるほど社会技術研究開発でも、原理移転はありうるのかと思い知りました。

社会技術ではある特定の個所で成功した事例をそっくりそのまま他所に転用しても直ちに成功しない場合があり得ます。なぜなら課題を構成している要因は地域によって変化し、それぞれの地域固有の事情によって現れてくる事象は異なることがあるからです。ですから、ある地域に固有の課題の解決に成功しても、その成果を他の地域にそっくりそのまま移転することは適切ではないと予想されます。すでにお話したように社会技術は必ずしも普遍性の高いものではない。ですから目の前の現象のみに着目するのではなく、現象を支配している原理に着目しなければならないことに留意しなければなりません。

●社会技術の受け渡し基準書

「はじめに」の項で死の谷のお話をしました。研究から開発へ、さらに実証、普及へと移り変わっていく過程、これを研究（Research）、開発（Development）、実証（Demonstration）、普及（Diffusion）の頭文字をとってＲＤＤＤと呼ぶことにします。このＲＤＤＤを継ぎ目なく完結することが重要です。ところがこの過程のつなぎ目で断絶が起こる。これを死の谷と呼んだのです。死の谷を避けるには協力者が必要であると言いましたが、これに加えて重要なことがあります。それは研究から開発へ、開発から実証へ、実証から普及へと成果の受け渡しをするときに必要な基準です。これをプロトコール（受け渡し基準書）と呼んでいます。このプロトコールがあいまいであると死の谷に落ち込み、ここから抜け出すことが困難になります。何が分かって何が分かっていないか、注意しなければならないことは何かなどを正確に記述したプロトコールを作らなければなりません。

さらに重要なことは、ステークホルダー全員が参加して受け渡し基準を決めておくことです。研究開発成果がいかに優れていてもステークホルダーの理解と協力なしには社会に届くことはありません。社会実装に着手する前からステークホルダーとの協力関係を設計しておくことが必要です。

さて、次に議論することは社会や市民の合意をどのようにして獲得するかの問題です。

異なる意見の習合

●仲裁者としての研究者

企業における技術研究開発ではある方法に依拠して研究開発を進めることに異論を持つ人は少なく、いたとしても議論を重ねれば合意に達します。なぜなら、議論の中心となる課題選択とその実行方法の根拠には、普遍性の高い科学的な理論が存在しているからです。大きく意見が食い違って合意に至らない場合でも、いずれが正しいか分からないなら、まずはやってみよう、という合意に到達します。松下幸之助さんや本田宗一郎さんがよく言われたという「やってみなはれ」とか「やりもせんで何が分かる」精神です。やってみた結果が予想と異なれば、その理由を調べてやり直します。これに対して社会技術研究開発は自然科学と比較すると普遍性のある理論が少なく、試してみる仕組みもありません。何らかの課題解決のための研究開発であってもなぜその課題を選択するのか、課題解決の方法はそれが最適なのか、仮に研究開発が成功したとしてその成果を誰がどのように評価し実施するのかなど、決着がつきにくい論争にしばしば遭遇します。結局のところ、「やりもせんから何も分からん」ということになってしまいます。ですから、とにかく試してみるところまでは相手を説得しなければならない。これを避けては、というよりは、逃げてはいけません。堂々と意見の交換を繰り返し、相手の言い分をよく聞き、辛抱強く意見の一致点を探さなければなりません。

本来、研究者は市民と論争するのではなく聞き役となった方がよいと思います。ですから第2章の［図7］で説明した仲介者に市民に対する説明をやってもらう。つまり、議論の主戦投手を仲介者にお願いし研究者は仲裁者の立場に立ちます。議論は星取表を作って対立点を書き並べ「貴方のこの言い分は貴方の言う通りにしましょう」「この意見の食い違いは提案者（仲介者）の意見を受け入れてくれるそうですね」「これは提案者が撤回するそうです」という具合に進めていきます。そうすると最後にどうしても意見が合わない項目が残る。この残った項目について別の日に議論を再開して再び星取表に記録する。辛抱強く議論を繰り返していると次第に意見の食い違いが減ってきます。このようにして共同の主観を形成していくのです。

●仲裁者は絶対に中立

この方法は円卓会議のような名称でよく実行されているようですが、うまくいったという話は多くないようです。その理由は、これは私の推測ですが、いい仲裁者がいないことだと思います。仲裁者が知らず知らずのうちにどちらかの方に立っている。これは相手に必ず分かるもので、そうなると、まとまる話もまとまらなくなります。ある国際会議の議長をした時の経験ですが、議事は会議場の中ではなく会議場の外で進みます。いわゆる二国間協議です。数多くの二国間協議を重ねて議論の一致点を見つけて多国間決議にもっていく。二国間協議をやったという事実は絶対に伏せておく。顔の表情や態度に出たら一気に信用を失います。これはサイトビジットでの経験ですが、アスペルガー症候群のこどもさんが先生のお話に堂々と「僕はそうは思わない」というのです。教室の中はなんとなく落ち着きが悪くなります。この時の先生の対応が見事でした。「そうなの、それではきみはどうしたいの」と問いかけ、こどもとの話をどんどん展開させ、意見を述べたこども以外の生徒も議論に参加させます。そのうちこどもの方が折れて「それならいいよ」ということになりました。先生は追い打ちをかけるように「みんなもいいの」と呼びかけます。この先生が実に柔らかい。こどもを叱るわけでもなければ、おもねるわけでもない。見事な対応としか言いようがない。こんな方が仲裁者をやってくればうまくいくと思うのですが。

最後になりますが研究開発期間の長さについて議論しておきましょう。

社会実装の達成期限

研究開発成果の実装は短ければ短いほどいいのです。長くなると課題の「旬」が過ぎてしまいます。ですから、実装支援プロジェクトの期間は長くて三年間が適切ではないかと思います。東日本大震災対応プロジェクトは一年間と短い期間に設定しました。その理由は市民が三年も待っていられないことを考慮したからです。ですから研究者は、三年の間に成果を社会や市民に届けなければなりません。企業の研究開発では自社の研究開発が終了する前に他社が類似の技術を完成すれば競争に負けてしまいます。社会技術研究開発でも開発期間が長いと、もっと効果の高い方法が現れる、あるいは社会環境が変化してプロジェクトが古臭くなって陳腐化するかも知れません。第2章の［図3］で説明したように、提案書を見るといつ終わるかわからないようなプロジェクトが目に付きます。社会実装はいつ終わるかが明瞭でなくてもいい研究とは違います。達成期限はもっと厳格に考えてほしいと思います。

達成期限を短くしたいもう一つの理由があります。研究開発の成果を実施するための投資回収です。投資はお金を借りて実施しますので借りたお金の利子を考えると早く返済できるほど楽になる。仮に金利が十パーセントなら借金は七年で二倍になり、五パーセントなら十三年で二倍になります。低金利の時代に十パーセントとか五パーセントとかの金利は高すぎると思われるかも知れませんが、当たるか当たらないか分からない研究開発投資に〇・一パーセントの金利でお金を貸してくれる銀行はありません。社会技術の投資はある意味で公共投資だから借入金の金利なんて考える必要はないと思われるかも知れませんが。私たちのプロジェクトは国民の皆さんからの税金で成り立っていることを忘れてはならないと思います。

さて、この章では研究者の使命、研究開発のマネージメント、実装の方法論、課題発見の方法論、「ことつくり」、問題の設計図、知の集合と移転、異なる意見の習合、研究開発から実装に至る期間について議論をしました。筆者らの産業や各種の社会活動における現場経験を基本にしつつ、四八件のプロジェクトを通して得られた知見をまとめたものです。個別の議論では専門の研究者から異なる見解が提出されることを承知したうえで、あえて問題提起をしています。大方のご批判をお待ちすると同時に社会技術の方法論について議論が広がることを期待しています。

★1――二〇一五年九月に国連で採択された、Transforming our world: the 2030 Agenda for Sustainable Development
「我々の世界を変革する：持続可能な開発のための2030アジェンダ」という具体的行動指針

★2――https://www.jmfri.gr.jp/content/files/Open/2018/20180531_tsukuba/Tsukuba.pdf

★3――習合とは異なる主義、主張を調和するという意味で英語ではsyncretismと言います。ランダムハウス英語辞典によると、もともとの意味はクレタ島の人の結束を意味し、内部対立しているクレタ島の複数の集団が共通の外敵に対して共同戦線を作るために対立を止めること、と定義されています。

★4――「方法序説」はいくつかの翻訳がありますが、巻末の参考文献11に示した落合太郎氏の訳書をお勧めします。
本文に匹敵するくらいの注解が付せられており大変参考になります。

おわりに

本書の狙い

社会技術はいろいろな学術の集合体で大変新しい研究領域です。RISTEXの特色を代表する「研究開発成果実装支援プログラム」は、二〇〇六（平成十八）年に設置されて以来、五六件のプロジェクトを採択して研究開発成果の社会実装に取り組んできましたが、二〇一八（平成三〇）年に募集を停止することになりました。この機会をとらえて、終了した実装活動プロジェクトを通して学んだ教訓をまとめ、社会技術研究開発成果の社会実装のすすめ方や考え方をまとめたものが本書です。

知人に社会技術の実装をやっていると話しますと、必ず「社会技術や実装とは何だ」と聞かれます。社会の問題の解決を目指す研究開発の成果を実証し普及することだと答えると、「具体的にはどんなことかね」という返事が返ってきます。社会実装という言葉も説明なしには理解してもらえません。そこで本書は、まず社会実装の実例を示して社会技術とか社会実装とはどんなものかを知ってもらい、次に社会実装のすすめ方、考え方を説明することにしました。果たしてこの方法が成功したかどうか分かりませんが、少なくとも社会技術や社会実装がどんなものかはお分かりいただけたと思います。執筆にあたったRISTEXのプログラム総括やプログラムアドバイザーは産業や社会における活動を通して現場経験が豊富であり、経験に基づいた論旨展開に努めたつもりです。科学技術論や社会技術論の研究者から見れば本書の考え方に納得しかねるところがあるかも知れません。ぜひご叱正いただきたいと思います。

さて、本書はどんな考え方でまとめられているかを要約します。まず、

①［図1］に示すような早急に解決が望まれている分野から提案を募集し、
②課題の採択基準を［図4］のように決めました。
③次に、実装の基礎となる研究開発の成果が多くのステークホルダーによって受け入れられ

る水準に到達しているかを確認し、実装支援によって得られた結果が社会における事実上の標準として普及する可能性があるかをプロジェクトの評価基準としました。このように設定した理由は近年における社会の変化は速く、予測が難しくなっていること、［図5］に示すように変化のもたらす影響の大きさに気が付くのが遅れて市民に被害をもたらす懸念があること、変化に伴う公的規制の実現はさらに遅れかねないこと、によるものです。

④このような理由から実装支援によって生み出された成果は、たとえば行政の方針、暫定基準、学会の指針、指導要領、自治会などにおける社会的約束など、社会や市民の行動規範を提示することによって評価されることとしました。

⑤この結果を生み出すための「やり方」（Methodology）を第2章で、なぜそのようなやり方になるのかという「考え方」（Philosophy）を第3章で説明しました。

第2章、第3章いずれも四八件の実装活動プロジェクトから得られた教訓に学びながら、かつ筆者らの経験を参照しながら論旨を構築しました。筆者らの経験の背後にある企業や社会における活動の具体的な名称や実施例を公開することができなかったことをお詫びしなければなりませんが、個別の例は単行本、論文などで公開されたものもありますので、ご興味のある方はそちらをご参照いただきたいと思います。

「ことつくり」が社会技術のポイント

率直に告白すると、研究開発成果実装支援プログラムが発足した当初はこのプログラムの成果の評価基準をどのように設定すればいいのか分かりませんでした。実装支援の経験をいくつか重ねるうちに社会技術研究開発の役割は社会の変化に対応して社会や市民の行動を好ましい方向に誘導する制度、体制、規範などの「ことつくり」にあるのではないかと気が付いたのです。プログラム発足時点では、たとえば、15「物流と市民生活の安全に貢献するトレーラートラック横転限界速度予測システムの社会実装」、13「油流出事故回収物の微生物分解処理の普及」のような社会性は高いが自然科学系に軸足を置いた「もの」に関係するプロジェクトの採択が多かったのですが、次第に、こどもや高齢者、社会的弱者、家庭内暴力、学校内犯罪防止など人文・社会科学系に軸足を置くプロジェクトが増加しました。しかしながら現実は、プロジェクト実装責任者の所属は五六パーセントが理工系、二四パーセントが医系であり、人文・社会科学系は二〇パーセントに過ぎないのです。もっと人文・社会科学系研究者の参加があっていい。おそらく人文・社会科学系の研究者は実証まで踏み込んだ経験が少なかったのが理由の一つだと思います。「ことつくり」も「ものつくり」と同様に理論と実証の繰り返しから生まれてきます。理論のない提案はどこに流れ着くか先行き不明であり、実証のない理論は空虚に響きます。内閣府が主導する「人間中心のSociety 5.0」では社会のための「ことつくり」がどのような位置づけになっているのか分かりませんが、社会実装を通して理論と応用を経験した研究者の活躍を期待しています。

応用を意識した研究

冒頭に「すぐ社会のお役に立つ研究」に対する懸念があると指摘しました。このことと理論と実証の繰り返しについて考えてみたいと思います。一九九〇(平成二)年にダウケミカルの研究所を訪問したときのことでした。研究所の入り口に額があり"Inducing Science into Practice, Reducing Practice into Science"と書いてあります。直訳すれば「科学を日常作業へ誘導し、日常作業を科学へ戻せ」という意味になりましょうか。これには驚きました。研究所長にこのスローガンの意味は日常作業を常に基礎科学的に考えろということですかと聞いたところ、もちろんそうだが、基礎的な研究をしている研究者に自分の研究が何か応用につながらないか、あるいは、日常作業を基礎科学的な法則にまとめることができないかを常に考え、他の研究者の研究内容にも注意しながら研究を進めろという含意があると教えられました。何かに応用できないかを意識しながら進める基礎研究(application-conscious research)なのです。このような文化を持つ研究所は懐が深いのだろうと感銘を受けたものです。応用を意識するのは簡単ではありません。自分の専門以外の分野にも興味の眼を配らなければならないし、第3章の原理移転の項でお話したように原理と現実の間に橋を架けるには相当の想像力が要求されるからです。でもこれは、訓練すればできるようになると思います。日ごろから応用を意識した思考を心がけていれば次第に身についてくるものではないでしょうか。研究開発成果実装支援プログラムを体験して分かったことですが、実装責任者はどなたも何とか自分の研究成果を実社会に役立てたいと思っておられました。プロジェクト終了後にはほとんどの研究者が研究成果の社会への定着について自信を持たれたようです。このような現実を眺めて見ますと、最初から応用を目的とした研究ではなく、あくまでも、理論の社会への適用を組織的に実行することを重視するべきだと考えざるを得ません。頼るべき理論がないということは、うまく行かなくなった時に、原点に戻って考え直す故郷がないのと同じことですから、これではうまく行きません。

知恵の解体と知の集約

人は知恵を持つことによって他の生物と区別されると言われます。ところが人は、知恵を解体して知を生み出しました。爾来、人は数限りない知を生産したのですが知をいくら集めてみても元の知恵には戻りません。六世紀に修道院の形態を整えた聖ベネディクトゥスは「学んで無知から離れ、学ばざる知恵を備えよ」と言ったそうです。聖ベネディクトゥスはローマで勉学しましたが、学生は学んだことを世の役に立てようとせず、むしろ悪事に利用していると思った。そこで彼は勉学を続けることを放棄し、山にこもって聖なる知恵を身につけることにしたのだそうです。蓄積された知が山積する現代の課題の解決のために有効に使用される知恵に変換されていないという欲求不満は一五〇〇年も前に萌芽していたのです。このことは解体された知を世の中のためになる知恵に集約しようとしてもなかなかうまく行かないことを物語っています。このような例はいくつもあります。たとえば、誰でも使える、手の代替物として人に属していた道具が、いつのまにか変化して人から離れ、誰でもが思いのままに使えない、それどころか、逆に使われてしまう、極端な場合、脅威をもたらしかねない人工物になってしまいました。これが第3章で説明した制御不能となった巨大人工物なのです。実証のないままに知を集約して知恵を獲得したと思ってもそれは極めて疑わしい知恵になりかねない。だから研究の成果を慎重に試してみる過程が必ず必要なのだということ、これが研究開発成果実装支援プログラムを通して実感した重要な教訓だと思います。

「皆がそうだと思うこと」は適正な方法論か

本書を一貫して流れている考え方は実装によって得られた結論に論理性、客観性、普遍性があること、それこそが科学的方法論であると主張してきたのです。自然を支配している原理を探求するにはこの方法論は正しいと思います。なぜなら自然科学の分野では普遍的な法則、客観的なデータ、この両者に基づいて組み立てられた論理性の高い結論に反論することは極めて困難だからです。この方法論によって近代科学は発展してきたと言っても過言ではありません。ところが本書を書きながら気が付いたことですが、人の行動を支配する原理を求めるのに、この方法論は適切なのだろうかという迷いが浮かび上がってきたのです。自然科学では一つの法則が対象とする領域が相当に大きい。たとえば宇宙からナノの世界まで統一的に説明できる普遍性の高い物理学の法則があります。それに対して社会技術が対象とする領域は、たとえば、大きくは世界、国、小さくは村、集落、個人のレベルまでを普遍的に説明できる法則があるのだろうかという疑問です。異なる知の習合でもお話しましたが、ステークホルダーの合意を取り付けたと思っているけど、本当は、ものを言わなかった少数の人々の意見を抹殺してしまったのではないか、あるいは意見を押し付けたのではないかという疑問です。多分、一人一人の意見を一対一で徹底的に聞いてまとめる、あるいは、無理に一つにまとめようとはせずに合意できる範囲でまとまった小集団をいくつも作るという方法もありかなと思うのですが、さて知恵のないままに従来の、いわゆる科学的方法論を押し付けて本書をまとめました。それが正しい方法論だったのか、読者の皆さんのご意見をぜひ頂戴したいと思っております。

今後の継続への配慮

研究開発成果実装支援プログラムは二〇一七（平成二九）年度のプロジェクト採択を以て、中断することになりましたが、実装責任者の方々の多くから、このプログラムへの高い評価を得ております。追跡調査の報告をご覧いただければどこがよかったのか、どこが適切でなかったのかが記載されています。たとえば証拠を示して実施を迫る手法は過去にない、非常にフレキシブルである、異なる専門を集合して研究を進める手法は新しく効果的である、などなどですが、一口で要約すると、このプログラムがなかったなら研究開発の成果が陽の目を見ることがなかったであろう、ということにつきます。また再び、このプログラムが新たな装いでスタートすることを望みつつ稿を綴じたいと思います。最後まで読んでいただいて有難うございました。

最後になりますが、本書をまとめるにあたり次の方々に多大のご尽力をいただきました。実装責任者をはじめとするプロジェクトにかかわられた皆さん、プログラムの運営にご協力いただいたプログラムアドバイザーの皆さん、その他本書の制作に携わっていただいた皆さんに、メンバーを代表して深く感謝の意を呈します。

プログラム総括　冨浦梓

[参考文献]

01——国立研究開発法人科学技術振興機構社会技術研究開発センター「研究開発成果実装支援プログラム［公募型］」について
https://www.jst.go.jp/ristex/examin/active/imp/implementatio/implementation.html

02——平成二五年度版　情報通信白書、第1部、特集第1節、3、（1）ICTの進化と「コトづくり」の拡がり
http://www.soumu.go.jp/johotsusintokei/whitepaper/ja/h25/html/nc111310.html

03——日本学術会議声明「21世紀における人文社会科学の役割とその重要性——『科学技術』の新しいとらえ方、そして日本の新しい社会・文化システムを目指して——」平成十三年四月二六日
http://www.scj.go.jp/ja/info/kohyo/pdf/kohyo-18-k135.pdf

04——World Conference on Science, DECLARATION ON SCIENCES AND THE USE OF SCIENTIFICS KNOWLDGE, Science for the Twenty-First Century, A new Commitment, Budapest, Hungary, 26 June/1 July, 1999

05——『日本語大辞典』（講談社 1989）

06——『エネルギー学を考える：学術会議叢書4』三井恒夫他（日本学術協力財団 2001）

07——『安全安心のための社会技術』堀井秀之編（東京大学出版会 2006）

08——「安全の理念と安全目標」向殿政男（『学術の動向』2016年3月号、日本学術協力財団）

09——『舊新約聖書』昭和二八年十月二〇日、八版発行（日本聖書協会）

10——『ヨーロッパ成立期の修道院文化の形成　学ぶことの悦びと神への誘い』朝倉文市（南窓社 2001）
［p.35、第2章、聖ベネディクトスの回心］

11——『方法序説』デカルト、落合太郎訳（岩波文庫　青-613-1）

12——『第三の波』アルビン・トフラー、鈴木健次他訳（日本放送出版協会 1980）
13——『成長の限界　ローマ・クラブ「人類の危機」レポート』ドネラ・H・メドウズ他、大来佐武郎監訳（ダイヤモンド社 1972）
14——『驚異のチタバリ　世紀の新材料・新技術』村田製作所編（丸善 1990）
15——『武井武と独創の群像　生誕百年・フェライト発明七十年の光芒』松尾博志（工業調査会 2000）
16——『電子立国日本を育てた男　八木秀次と独奏者たち』松尾博志（文藝春秋社 1992）
17——『沈黙の春』レイチェル・カーソン、青樹簗一訳（新潮文庫 1974）
18——HOW NIPPON STEEL CONDUCTS JOINT RESEARCH, Azusa Tomiura, Research Management, Volume XXVIII, No.1 January/February 1985.
19——『ワイドレンズ　イノベーションを成功に導くエコシステム戦略』ロン・アドナー、清水勝彦監訳（東洋経済新報社 2013）

[研究開発成果実装支援プログラム[公募型]] 実装活動プロジェクト

平成十九年度採択	実装支援期間
効率的で効果的な救急搬送システム構築	平成二〇年四月～平成二三年三月
津波災害総合シナリオ・シミュレータを活用した津波防災啓発活動の全国拠点整備	平成二〇年四月～平成二四年三月
油流出事故回収物の微生物分解処理の普及	平成二〇年四月～平成二四年三月
投薬ミス・薬害防止のための、臨床事例を中核とした医療従事者向け情報交換・研修システムの実装	平成二〇年四月～平成二三年三月
e-ラーニングを核とする多様な学習困難に対応した地域単位の学習支援ネットワークの構築	平成二〇年四月～平成二三年三月
平成二〇年度採択	**実装支援期間**
高齢者ドライバーの安全運転を長期継続可能にする支援システムの社会実装	平成二〇年一〇月～平成二三年九月
サハリン沖石油・天然ガス生産に備える市民協働による油汚染防除体制の構築	平成二〇年一〇月～平成二三年九月
国内森林材有効活用のための品質・商流・物流マネジメントシステムの社会実装	平成二〇年一〇月～平成二三年九月
物流と市民生活の安全に貢献するトレーラートラック横転限界速度予測システムの社会実装	平成二〇年一〇月～平成二三年九月

平成二一年度採択	実装支援期間
発達障害の子どもと家族への早期支援システムの社会実装	平成二一年一〇月～平成二四年九月
英虞湾の環境再生へ向けた住民参加型の干潟再生体制の構築	平成二一年一〇月～平成二四年九月
高齢者転倒事故防止のための移動能力評価システムの社会実装	平成二一年一〇月～平成二四年九月
震災後の建物被害調査と再建支援を統合したシステムの自治体への実装	平成二一年一〇月～平成二四年九月
家庭内児童虐待防止に向けたヒューマンサービスの社会実装	平成二一年一〇月～平成二四年九月
平成二二年度採択	**実装支援期間**
WEBを活用した園児総合支援システムの実装	平成二二年一〇月～平成二五年九月
首都直下地震に対応できる「被災者台帳を用いた生活再建支援システム」の実装	平成二二年一〇月～平成二五年九月
医学的機能評価に基づく高齢者の排尿自立支援	平成二二年一〇月～平成二五年九月
農作物の光害を防止できる通学路照明の社会実装	平成二二年一〇月～平成二五年九月
障がい者のための食事支援ロボットの社会実装	活動中止
平成二三年度　東日本大震災対応・緊急研究開発成果実装支援	**実装支援期間**
大型マイクロバブル発生装置による閉鎖海域の蘇生と水産養殖の復興	平成二三年五月～平成二四年三月
無水屎尿分離トイレの導入による被災地の衛生対策と災害に強い都市基盤の整備	平成二三年五月～平成二四年三月

応急仮設住宅の生活環境改善のための統合的実装活動プログラム	平成二三年五月～平成二四年三月
震災地域の重金属等土壌汚染評価	平成二三年五月～平成二四年三月
津波塩害農地復旧のための菜の花プロジェクト	平成二三年五月～平成二四年三月
東日本大震災被災者と救援支援者における疲労の適正評価と疾病予防への支援	平成二三年五月～平成二四年三月
平成二三年度採択	**実装支援期間**
急性白血病の早期診断を目的とした誘電泳動による細胞検出・同定法の臨床応用	平成二三年一〇月～平成二六年九月
女性の尿失禁予防・改善を目的としたサポート下着の社会実装	平成二三年一〇月～平成二六年九月
視野障害者自立支援めがねの社会実装	平成二三年一〇月～平成二六年九月
肢体不自由者のための自動車運転支援システムの社会実装	平成二三年一〇月～平成二六年九月
平成二四年度採択	**実装支援期間**
発達障害の子どもへの早期支援のための「気づき」・診断補助手法の実装	平成二四年一〇月～平成二七年九月
学校等における犯罪の加害・被害防止のための対人関係能力育成プログラム実装	平成二四年一〇月～平成二七年九月
優良盲導犬の効率的育成と普及率の向上	平成二四年一〇月～平成二七年九月
波堆積物の地球化学的判別による沿岸地域のリスク評価と社会的影響の予測	平成二四年一〇月～平成二七年九月
環境負荷の低減に資する持続的農業生産システムの実装	平成二四年一〇月～平成二七年九月

分散型エネルギーの利用促進と農山村地域環境ビジネスの創出	平成二四年一〇月～平成二七年九月
平成二五年度採択	**実装支援期間**
ドライバーの居眠り事故防止のための睡眠時無呼吸症スクリーニングの社会実装	平成二五年一〇月～平成二八年九月
高齢者の生きがい就労システムの社会実装	平成二五年一〇月～平成二八年九月
高層ビル耐震診断に基づく帰宅困難者行動支援システムの社会実装	平成二五年一〇月～平成二八年九月
手指麻痺者の日常生活支援のためのパワーグローブの社会実装	平成二五年一〇月～平成二八年九月
平成二六年度採択	**実装支援期間**
脳活動画像化装置による認知症予防プログラムの社会実装	平成二六年一〇月～平成二八年三月
聴覚障害高校生への遠隔パソコン文字通訳での授業支援	平成二六年一〇月～平成二九年九月
旅行者と地域との共生に資する観光プランの作成支援技術の基盤化と社会実装	平成二六年一〇月～平成二九年九月
発達障害者の特性別評価法（ＭＳＰＡ）の医療・教育・社会現場への普及と活用	平成二六年一〇月～平成二九年九月
エビデンスに基づくスクールソーシャルワーク事業モデルの社会実装	平成二六年一〇月～平成二九年九月
平成二七年度採択	**実装支援期間**
大規模稲作農家への農業水利情報提供システムの実装	平成二七年一〇月～平成三〇年三月
医師の高度な画像診断を支援するプログラムの実装	平成二七年一〇月～平成三〇年九月

間伐材を用いた土砂・雪崩災害警報システムの実装	平成二七年一〇月～平成三〇年九月
機能的近赤外分光分析診断法による注意欠如・多動症児支援システムの実装	平成二七年一〇月～平成三一年三月
平成二八年度採択	**実装支援期間**
エビデンスに基づいて保護者とともに取り組む発達障害児の早期療育モデルの実装	平成二八年一〇月～活動中
熊本地震被災地の仮設住宅で暮らす高齢者の行動分析データと医師、保健師、生活支援相談員から得られる情報を統合化したケアシステムの実装	平成二八年一〇月～平成三〇年九月
被介護者の状態から得られる情報に基づく質の高い介護サービス支援システムの実装	平成二八年一〇月～活動中
熊本地震被災地の復旧・復興のための広域連携した情報活用支援体制の実装	平成二八年一〇月～平成三〇年九月
低エネルギー消費型製品の導入・利用ならびに市民の省エネ型行動を促進するシステムの実装	平成二八年一〇月～活動中
平成二九年度採択	**実装支援期間**
小学校におけるメンタルヘルスプログラムの実装	平成二九年一〇月～活動中
災害時における動物管理に関わる支援システムの実装	平成二九年一〇月～活動中
市民と共に進める災害医療救護訓練プログラムの実装	平成二九年一〇月～活動中

（平成三一年三月二五日時点）

プログラム総括とプログラムアドバイザー

プログラム総括		
氏名	所属・役職	任期
冨浦梓	元東京工業大学監事	平成二〇年四月～

プログラムアドバイザー		
氏名	所属・役職	任期
川北秀人	ＩＩＨＯＥ 人と組織と地球のための国際研究所代表者	平成二〇年四月～
鈴木浩	日本経済大学特任教授 メタエンジニアリング研究所所長	平成二〇年四月～
善本哲夫	立命館大学経営学部教授	平成二〇年四月～
嶋田実名子	花王株式会社ＣＳＲ推進部ＣＳＲ推進部長、社会貢献部社会貢献部長	平成二〇年四月～平成二三年三月
森直哉	日本大学商学部准教授	平成二〇年四月～平成二二年三月
小田切宏之	成城大学社会イノベーション学部教授	平成二二年四月～平成二四年三月

西嶋美那子	産業カウンセラー	平成二三年四月～平成二九年三月
酒井香世子	株式会社損害保険ジャパンＣＳＲ部室長	平成二三年四月～平成二六年三月
山口栄一	同志社大学大学院総合政策科学研究科教授	平成二三年四月～平成二六年二月
塚本修	一般財団法人石炭エネルギーセンター理事長 東京理科大学特任教授	平成二四年三月～
前田裕子	株式会社セルバンク取締役 （新規事業開発担当兼管理部管掌）	平成二四年四月～
西村吉雄	フリーランス技術ジャーナリスト	平成二六年四月～平成二九年三月
中村優子	吉田秀雄記念事業財団アド・ミュージアム東京	平成二六年六月～平成二七年三月
渡辺多恵子	淑徳大学看護栄養学部教授	平成二六年七月～
澤田澄子	元キヤノン株式会社ＣＳＲ推進部長	平成二七年四月～
五十嵐道子	フリーランスジャーナリスト	平成二九年六月～
山本晴彦	山口大学大学院創成科学研究科教授	平成二九年六月～

（平成三一年三月二五日時点、退任されたアドバイザーの所属・役職は退任時のもの）

［制作スタッフ］

国立研究開発法人科学技術振興機構　社会技術研究開発センター「社会実装の手引き」制作チーム

冨浦梓（プログラム総括）

鈴木浩（プログラムアドバイザー）

川北秀人（プログラムアドバイザー）

渡辺多恵子（プログラムアドバイザー）

［執筆・取材協力］

妹尾みえ（ランブリン）

社会実装の手引き——研究開発成果を社会に届ける仕掛け

発行日——二〇一九年六月三〇日
編者——JST-RISTEX［研究開発成果実装支援プログラム］
編集——堤靖彦
エディトリアル・デザイン——佐藤ちひろ
印刷・製本——シナノ印刷株式会社
発行者——十川治江
発行——工作舎　editorial corporation for human becoming
〒169-0072　東京都新宿区大久保2-4-12　新宿ラムダックスビル12F
phone: 03-5155-8940　fax: 03-5155-8941
www.kousakusha.co.jp　saturn@kousakusha.co.jp
ISBN978-4-87502-509-2

家族をこえる子育て

◆渥美雅子＝編著
妊娠したけれど育てられない、再婚相手が子どもを虐待…ひとりで悩まないで！　子どもの成長を見守ってゆく社会のための、家族問題研究会の成果。
●四六判上製●224頁●定価　本体1400円＋税

Ibasyo

◆岡原功祐
5人の女性たちの自傷行為をめぐるフォト・ドキュメンタリー。「居場所」を求める彼女たちの細やかな心性に、気鋭の写真家・岡原功祐が光をあてる。
●四六判変型フランス装●372頁●定価　本体2800円＋税

音楽運動療法入門

◆野田燎
音楽に合わせてトランポリンで体を動かす楽しさが、脳機能の回復へとつながる。この画期的な「音楽運動療法」を、緩和ケアなどの豊富なケース例とともに紹介。
●A5判●232頁●定価　本体2400円＋税

ICTエリアマネジメントが都市を創る

◆川除隆広
次世代の都市生活・まちづくりの高度化はビッグデータをいかに使いこなすかにかかっている。官民協働による多角的な取組みを紹介。カラー図版多数。
●A5判●168頁●定価　本体1900円＋税

スマートシティはどうつくる？・［NSRI選書］

◆山村真司＝監修・著
環境に配慮し、くらしを構成するすべての機能をつなげ、快適な生活をもたらす「スマートシティ」。世界の都市が取り組むスマート化の課題と実現へのプロセスを解く。
●B6変型●204頁●定価　本体1200円＋税

有機農業で世界を変える

◆藤田和芳
「大地を守る会」社長の藤田氏が、「100万人のキャンドルナイト」や「フードマイレージ・キャンペーン」など、社会的企業として歩んできた35年を綴る。
●四六判上製●232頁●定価　本体1800円＋税